Sagas vikingas

La fascinante historia de Ragnar Lodbrok, Ivar el Deshuesado, Ladgerda y otros, en su contexto histórico

© Copyright 2020

Todos los derechos reservados. Ninguna parte de este libro puede ser reproducida de ninguna forma sin el permiso escrito del autor. Los revisores pueden citar breves pasajes en las reseñas.

Descargo de responsabilidad: Ninguna parte de esta publicación puede ser reproducida o transmitida de ninguna forma o por ningún medio, mecánico o electrónico, incluyendo fotocopias o grabaciones, o por ningún sistema de almacenamiento y recuperación de información, o transmitida por correo electrónico sin permiso escrito del editor.

Si bien se ha hecho todo lo posible por verificar la información proporcionada en esta publicación, ni el autor ni el editor asumen responsabilidad alguna por los errores, omisiones o interpretaciones contrarias al tema aquí tratado.

Este libro es solo para fines de entretenimiento. Las opiniones expresadas son únicamente las del autor y no deben tomarse como instrucciones u órdenes de expertos. El lector es responsable de sus propias acciones.

La adhesión a todas las leyes y regulaciones aplicables, incluyendo las leyes internacionales, federales, estatales y locales que rigen la concesión de licencias profesionales, las prácticas comerciales, la publicidad y todos los demás aspectos de la realización de negocios en los EE. UU., Canada, Reino Unido o cualquier otra jurisdicción es responsabilidad exclusiva del comprador o del lector.

Ni el autor ni el editor asumen responsabilidad alguna en nombre del comprador o lector de estos materiales. Cualquier desaire percibido de cualquier individuo u organización es puramente involuntario.

Tabla de contenidos

INTRODUCCIÓN: LA ÉPOCA VIKINGA 1
PARTE I: EL MUNDO DE RAGNAR LODBROK 5
    La vida en la Escandinavia medieval 5
    Los vikingos en el extranjero 12
    Artes verbales vikingas 22
    ¿Quién fue Ragnar Lodbrok? 29
NOTAS SOBRE EL MUNDO DE RAGNAR LODBROK 33
PARTE II: LA SAGA DE RAGNAR LODBROK Y SUS HIJOS 39
    Ragnar se convierte en rey 40
    Ragnar y el dragón 43
    Aslaug 48
    Ragnar y Aslaug 51
    La disputa con el rey Eystein 58
    La muerte de Ragnar Lodbrok 62
    La venganza de los hijos de Ragnar 66
NOTAS DE LA SAGA DE RAGNAR LODBROK Y SUS HIJOS 70
PARTE III: REPRESENTACIONES DE LOS MITOS E HISTORIA
NÓRDICOS EN LOS MEDIOS MODERNOS 78
    Los dragones en la Tierra Media de Tolkien 78

NOTAS SOBRE LOS DRAGONES EN LA TIERRA MEDIA DE TOLKIEN 87

EL CHOQUE DE LA HISTORIA Y EL DRAMA EN LA SERIE DE TELEVISIÓN VIKINGOS DEL CANAL HISTORY 97

NOTAS SOBRE EL CHOQUE DE LA HISTORIA Y EL DRAMA EN LA SERIE DE TELEVISIÓN *VIKINGOS* DEL CANAL HISTORY 106

APÉNDICE: LA HISTORIA DE SIGFRIDO Y BRUNILDA..........................117

BIBLIOGRAFÍA...127

Introducción: la época vikinga

Al período comprendido entre el final de la era común (E. C.) del siglo VIII y la mitad del siglo XI se le suele llamar la «época vikinga» porque se trata de un período en el que los pueblos escandinavos expandieron sus contactos con el mundo exterior a través del comercio, las incursiones, la exploración y la colonización. Esta expansión fue impulsada por las mejoras en la tecnología de la construcción naval combinada con una cultura que valoraba la reputación personal, el coraje y la habilidad militar como componentes esenciales del carácter de uno, al menos para la porción masculina de la población.

La evidencia arqueológica puede decirnos mucho sobre cómo vivieron y murieron los primeros escandinavos, pero no puede llevarnos muy lejos. No es hasta la época vikinga que empezamos a tener suficiente evidencia escrita para reconstruir aspectos de la historia y la cultura escandinava temprana. La escritura —sin tener en cuenta las runas, que se utilizaba con fines mágicos y religiosos, para monumentos o para identificar posesiones— era desconocida en Escandinavia hasta la llegada del cristianismo, que comenzó con los esfuerzos misioneros anglosajones a principios del siglo VIII y se había arraigado en toda Escandinavia en el siglo XII. Los primeros documentos escandinavos, por lo tanto, datan del siglo XII, el período durante el cual el cristianismo se extendió.

Los contactos limitados entre Escandinavia y los países más meridionales cambiaron a finales del siglo VIII, y el cambio se debe generalmente al repentino aumento de las incursiones vikingas a gran escala en importantes centros religiosos y políticos, como el monasterio de Lindisfarne en Inglaterra en 793 y el de Iona en Escocia en 795. Las incursiones en el territorio franco, parte del cual abarcaba zonas de lo que hoy es Francia, Alemania y los Países Bajos, siguieron en el año 799. A lo largo del siglo IX aumentaron los ataques a ciudades de Inglaterra y del Imperio franco, entre ellos el saqueo de París en 845 por un vikingo llamado Ragnar (que puede o no haber sido Lodbrok, el de la saga) y la invasión de Inglaterra por el llamado «Gran ejército» en 879.

La mayoría de las veces conocemos estos ataques no desde la perspectiva de los propios vikingos, sino más bien desde el punto de vista de sus víctimas y de los historiadores medievales posteriores que registraron lo que sabían o habían podido conocer de estos acontecimientos. Las crónicas medievales, normalmente compiladas por el clero del Imperio franco o de Inglaterra, son fuentes primarias importantes sobre las actividades de los vikingos en esta época, y es esta visión de los vikingos como intrépidos exploradores y saqueadores viciosos la que está en el centro de las concepciones populares modernas sobre la cultura escandinava medieval.

Sin embargo, la época vikinga fue mucho más que unas largas naves llenas de feroces guerreros que navegaban a través de los mares y ríos para saquear lo que fuera y matar a quien fuera que se encontraran. Los escandinavos medievales también llevaban vidas complejas que giraban en torno a la agricultura, la artesanía y el comercio, ninguna de estas cosas era tan emocionante para la imaginación como una incursión guerrera, sin embargo, estas actividades se situaban en el centro económico vital de la vida escandinava medieval.

Un producto importante de la cultura escandinava medieval es el conjunto de sagas y poemas que comenzaron a registrarse por escrito en el siglo XII, aunque gran parte de ese conjunto se compuso mucho antes y se transmitió por tradición oral. La *Saga de Ragnar Lodbrok* es uno de estos productos, que combina lo que puede ser uno o dos elementos de hechos históricos con algunos episodios de cuentos de hadas, conexiones con otros aspectos de la mitología nórdica y una buena dosis de acciones atrevidas de los vikingos.

Este libro ofrece una versión de la saga de Ragnar compilada a partir de las diferentes fuentes modernas, junto con la información sobre el contexto histórico y documentación adicional, seguida de un análisis de algunos aspectos de las apropiaciones y representaciones modernas de la antigua cultura nórdica. La primera sección del libro proporciona el contexto histórico de la saga de Ragnar a través de una exploración de la vida cotidiana en la Escandinavia del siglo IX y de la cultura e historia vikinga contemporánea. El texto de la saga en sí constituye la segunda sección del libro, junto con notas que dan más información sobre cómo se presenta esta versión de la saga y sobre los elementos de la historia que podrían no ser familiares para los lectores modernos. La tercera sección del libro trata de las representaciones de las antiguas culturas nórdicas en los medios populares modernos. Debido a que este último tema es demasiado amplio y complejo para poder explorarlo a fondo en este libro, me centraré en dos temas: los dragones en las obras de J.R.R. Tolkien y los conflictos entre el drama y la historia en la reciente miniserie de televisión, *Vikingos*, que a su vez está basada, en parte, en la *Saga de Ragnar Lodbrok* y en el *Relato de los hijos de Ragnar*. Y debido a que la *Saga de Ragnar Lodbrok* tiene importantes conexiones con otra saga islandesa, la *Saga de los volsungos*, en el apéndice se ofrece una sinopsis de un relato de los volsungos.

La época vikinga es un período histórico repleto de arte, poesía, literatura, comercio, exploración y batallas. La *Saga de Ragnar Lodbrok* es un producto de esa época y nos presenta una historia de los vikingos no solo como realmente pudieron haber sido, al menos en parte, sino también como querían ser vistos y recordados por las generaciones posteriores. Y todavía los recordamos, más de mil años después de que navegaran en busca de saqueo, comercio y nuevas tierras.

Parte I: El mundo de Ragnar Lodbrok

La vida en la Escandinavia medieval

Las granjas y las viviendas

Mientras que la imaginación moderna está llena de imágenes de vikingos con yelmos que saltan desde las largas naves con espadas, la vida escandinava medieval en realidad era bastante más prosaica para la mayoría de la población. La agricultura, la ganadería y la explotación de las fuentes de alimentos silvestres como la pesca, la caza y la recolección de bayas eran vitales para la supervivencia y se practicaban ampliamente en todas las tierras escandinavas, con ciertas variaciones según los climas locales. Los escandinavos medievales también eran artesanos que trabajaban el metal, la madera y el cuero. Aunque los comerciantes vikingos comerciaban en su mayoría bastante cerca de su hogar, las rutas comerciales escandinavas, de hecho, se extendían tan al sur como el Oriente Medio y tan al este como el río Dniéper, con más conexiones con la antigua Ruta de la Seda a través de puestos comerciales y ciudades al este y al sur de los territorios vikingos.

En las partes de Escandinavia que eran lo suficientemente cálidas y fértiles para la agricultura, los agricultores producían cultivos como cebada, centeno, legumbres, coles y lúpulos. Además, el cáñamo para hacer cuerdas y el lino para hilar y tejer telas de lino eran también productos agrícolas importantes.[i] Con respecto a la ganadería, criaban vacas y cabras para la leche y ovejas para la lana y carne. Los cerdos se criaban por su carne y las aves por sus plumas y huevos.[ii] La dieta proporcionada por los productos de la granja se complementaba con la pesca, la caza y la recolección de alimentos silvestres como bayas, nueces o hierbas.[iii]

Ya fuera en una granja solitaria o en un pueblo o ciudad, la típica vivienda vikinga era una casa larga con dos o más secciones. Uno de los extremos funcionaba como un corral para el ganado doméstico, donde su calor corporal ayudaba a mantener la casa caliente durante los largos y fríos inviernos escandinavos. En el otro extremo de la casa se encontraba el espacio utilizado para comer, dormir y las tareas que a menudo debían realizarse en el interior, como el hilado y el tejido. Los líderes podían tener habitaciones adicionales, incluida una sección que se utilizaba como la sala de ceremonias en la que se entretenían los invitados y los guerreros que luchaban por ellos.[iv] Estos grandes salones eran también los lugares en los que los escaldos recitaban sus poesías en alabanza al líder y donde se celebraban las fiestas relacionadas con los sacrificios religiosos.[v]

Las humildes granjas, los amplios salones de los líderes y todo tipo de viviendas tenían una estrecha fogata a lo largo de las partes del edificio usadas por las personas que vivían allí. El fuego daba luz, calor y fuego para cocinar, aunque también creaba humo que no se orientaba hacia el exterior por una chimenea; el único escape para el humo era un pequeño agujero en el techo.[vi]

Las ciudades, como el importante centro de comercio de Hedeby en la península de Jutlandia, también podrían tener talleres y almacenes además de las viviendas. Asimismo, la evidencia arqueológica de Hedeby muestra esfuerzos de la ingeniería civil en forma de calles pavimentadas de madera y revestimientos de madera para los pozos y el arroyo que corría por la ciudad, presumiblemente para evitar que las calles se convirtieran en barro y para ayudar a mantener el suministro de agua lo más limpio posible.[vii] Probablemente se pueda decir que Hedeby no fue la única comunidad que participó en proyectos como estos, que tenían como objetivo mejorar la calidad de vida de los residentes, pero uno se pregunta si ese tipo de esfuerzo también se hizo por las comunidades que vivían fuera de las ciudades más grandes y prósperas.

Las familias y los roles de género

La unidad familiar vikinga básica consistía en lo que llamamos la familia nuclear: un marido, una mujer y sus hijos. Sin embargo, muchas familias encajaban en una unidad familiar más grande, que podía incluir sirvientes, esclavos o ambos, además de la unidad familiar básica. En ocasiones, los hogares también incluían dos o más familias nucleares —más sirvientes o esclavos, si los había— que vivían juntas y trabajaban la misma tierra.[viii]

Los roles de género en la sociedad vikinga estaban fuertemente delimitados. Los hombres se ocupaban de las cosas de fuera de la casa, mientras que las mujeres se ocupaban de las cosas de dentro. En términos prácticos, esto significaba que las mujeres gestionaban el hogar, cuidaban de los niños y se encargaban de tareas como hilar y tejer, coser ropa, hornear pan, cocinar o conservar alimentos y elaborar cerveza. Las mujeres también se encargaban de recoger la leche, y de hacer queso y mantequilla.

Los hombres trabajaban la tierra, se dedicaban a la caza o la pesca y también participaban en los procedimientos judiciales y otros trabajos de liderazgo, que las mujeres tenían prohibido realizar.[ix] En las zonas donde la agricultura era difícil o imposible debido a las condiciones climáticas, el trabajo de los hombres se centraba en la cría de animales, la caza de mamíferos marinos u otros animales y la pesca, o una combinación de estas actividades. Los hombres también eran los que luchaban y salían a las incursiones, pero los que tenían familias y granjas que atender generalmente se quedaban en casa; los crueles saqueadores vikingos con los que la gente moderna está familiarizada generalmente eran hombres más jóvenes y solteros que tenían poca o ninguna tierra propia y que se unían a los grupos de incursión en un intento de incrementar las fortunas que era poco probable que aumentaran con la herencia de la riqueza familiar.[x]

Dicho esto, hay algunas pruebas de la naturaleza aventurera de las mujeres vikingas, algunas de las cuales lucharon junto a los hombres y otras se embarcaron en viajes peligrosos, ya sea por su cuenta o con parientes masculinos. Gran parte de las pruebas de la existencia y los hechos de estas mujeres se encuentran en las sagas islandesas, incluida la *Saga de Ragnar Lodbrok*, en la que una guerrera, Ladgerda, desempeña un papel importante. Una versión diferente de la historia de Ladgerda también aparece junto a los cuentos sobre otras mujeres guerreras en la *Gesta Danorum* (también llamada *Historia Dánica*), una historia colosal de Dinamarca escrita en el siglo XII por el historiador danés Saxo Gramático».[xi]

Aunque es difícil separar los hechos de la ficción en las sagas e incluso en la historia cuidadosamente escrita de Saxo, la evidencia física de las mujeres vikingas como combatientes es bastante más fiable: un estudio arqueológico realizado en 2017 confirmó que un guerrero vikingo que fue enterrado en Birka, Suecia, fue en realidad una mujer.[xii] Además del esqueleto de la mujer, los autores del documento informan que la tumba contenía «una espada, un hacha, una lanza, flechas perforadoras de armaduras, un cuchillo de batalla, dos escudos y dos caballos, una yegua y un semental; por lo tanto, un equipo completo de un guerrero profesional».[xiii] Un examen de las proporciones del esqueleto y otros atributos sugirió fuertemente que la persona enterrada era una mujer y posteriormente las pruebas de ADN confirmaron el género femenino.[xiv]

No sabemos el nombre de la guerrera de Birka, pero una mujer aventurera de la literatura de la saga que aparentemente fue una verdadera figura histórica fue Aud la Sabia, la esposa del rey vikingo de Dublín, que vivió en el siglo IX. Cuando el marido de Aud murió en la batalla, ella juntó todas sus pertenencias y se mudó a Islandia con su hijo, donde ya vivían sus hermanos.[xv] Otra figura histórica fue Freydís Eiríksdóttir. Freydís era la hermana de Leif Erikson (también comúnmente llamado *Erikson*), el vikingo que navegó a lo que hoy es Terranova en Canadá en el siglo XI. La *Saga de los groenlandeses* cuenta la historia de la organización por parte de Freydís de una expedición a Terranova en su propio nombre, en algún momento después de que su hermano hubiera construido un pequeño asentamiento allí. Esta saga pinta a Freydís como una líder fuerte, despiadada y conspiradora que no se abstiene de asesinar a los que se interponen en su camino.[xvi]

Aunque algunas mujeres permanecían solteras y se ganaban la vida mediante el empleo, la mayoría de las mujeres se casaban.[xvii] La autora Kirsten Wolf señala que antes de la llegada del cristianismo, el matrimonio en la sociedad vikinga era principalmente un acuerdo comercial entre el hombre y la mujer, y casarse por amor no era algo muy conocido.[xviii] Las negociaciones para el matrimonio se llevaban a cabo entre el padre de la mujer y su pretendiente o la familia de su pretendiente, y ella tenía poca o ninguna opción al respecto. Sin embargo, la mujer podía solicitar el divorcio por su propia voluntad y tenía derecho a llevarse su dote (el dinero pagado por el padre de la mujer a la familia de su cónyuge al casarse) y sus bienes personales cuando dejaba el matrimonio. La mujer también tenía derecho a recibir el precio de la novia (el dinero pagado a su padre por la familia del novio) si resultaba que su marido era el culpable de la ruptura del matrimonio.[xix] Como señala Wolf, el cristianismo cambió radicalmente la actitud hacia el matrimonio y el divorcio al conceptuar el matrimonio como un sacramento entre los cónyuges que debía durar hasta que uno o ambos murieran, en lugar de un acuerdo de negocios que pudiera disolverse a voluntad si no era satisfactorio para alguna de las partes.[xx]

Para los hombres, mujeres y niños por igual, la vida en la Escandinavia medieval era difícil y llena de trabajo duro. Solo aquellos con un estatus social más alto podían escapar de al menos una parte del trabajo físico que la mayoría de los miembros de la sociedad tenían que realizar para mantenerse a sí mismos y a sus familias. La atención médica rudimentaria, la desnutrición crónica y la falta total de vacunas de cualquier tipo hacían que las enfermedades fueran angustiosamente comunes y a menudo mortales y que la vida fuera relativamente corta.[xxi] Cumplir 60 años era alcanzar una edad avanzada, según Anders Winroth.[xxii]

Las pruebas para las conclusiones de Winroth provienen del examen de los esqueletos de las tumbas de la época vikinga. La estatura de los adultos depende de la nutrición en la infancia y, como informa Winroth, los adultos vikingos eran a menudo bastante bajos para los estándares occidentales modernos. Los exámenes de los esqueletos vikingos daneses muestran que las mujeres en promedio medían apenas un poco más de cinco pies de altura (158 centímetros de promedio) y los hombres solo eran unas seis pulgadas más altos (171 centímetros de promedio). Además, muchos de los esqueletos muestran evidencias de enfermedad, deficiencia de hierro y huesos rotos.[xxiii] Sin embargo, el autor Neil Oliver presenta un panorama más optimista, afirmando que la altura media de los hombres era de unos 173 centímetros y la de las mujeres de unos 160 centímetros y que los dientes examinados de los entierros vikingos «sugieren que mucha gente disfrutaba de una dieta razonable».[xxiv] Dicho esto, tanto si se aceptan los datos de Winroth o de Oliver como más representativos para la salud de los escandinavos medievales, la vida de los vikingos debía de ser dura, no solo en términos de la guerra sino en términos de la mera supervivencia en unas condiciones que muchos modernos considerarían difíciles en el mejor de los casos y espantosas, en el peor.

Los drakkars vikingos

A finales del siglo VIII, los escandinavos expandieron sus interacciones con el mundo exterior. A veces estas interacciones llegaban en forma de incursiones vikingas, pero más a menudo llegaban en forma de relaciones comerciales o colonización de nuevas tierras. Estas expansiones tuvieron efectos de gran alcance, hasta el punto de que el autor Anders Winroth observa que «el impacto general de los esfuerzos escandinavos fue, inesperadamente, estimular la economía de Europa occidental», que se había derrumbado a raíz de la caída de Roma y que todavía luchaba por recuperarse trescientos años más tarde.[xxv]

Una pieza de tecnología que les dio a los vikingos una ventaja en estas actividades fue el drakkar vikingo. Al vivir en zonas con largas costas y viajes relativamente cortos al mar desde la mayoría de los lugares del interior, los antiguos escandinavos desarrollaron rápidamente tecnologías de fabricación de barcos. Los grabados de la Edad de Bronce indican que los escandinavos ya habían sido pueblos marineros por más de dos mil años antes de que comenzara la época vikinga.[xxvi]

Las drakkar navegados por los vikingos se construyeron según el sistema de casco trincado, lo que significa que las tablas usadas para la construcción del entablado del casco se sobreponen unas a otras y luego se recubren con un sellante, generalmente alquitrán o aceite de grasa de foca, para evitar que se pudran. Los constructores de barcos vikingos también calafateaban los lugares donde los tablones se superponían con pelo animal para impermeabilizar los barcos.[xxvii]

Hoy en día, tendemos a tener la imagen de que los barcos vikingos tienen una vela cuadrada y muchos remos, pero eso fue un desarrollo posterior; los barcos anteriores no tenían ni mástil ni vela y en su lugar eran propulsados solo por remos.[xxviii] En los viajes por el interior a lo largo de los ríos, los barcos también se podían descargar, y tanto el barco como la carga se trasladaban cargando de un punto a otro a lo largo de tramos del río por los que no se podía navegar.[xxix]

Aunque el patrón básico de todos los barcos vikingos era el mismo, se podían ajustar en longitud y anchura para servir su propósito y para poder funcionar en las aguas en las que se utilizaban. Los barcos más anchos podrían utilizarse para el comercio porque podrían llevar más carga, y los barcos más ligeros y estrechos podrían utilizarse en los ríos. Pero cualquiera que fuera su propósito, para incursionar, comerciar o explorar, los barcos drakkar eran la pieza más importante de la tecnología vikinga y eran las herramientas que conectaban a los escandinavos medievales con el resto del mundo.

Los vikingos en el extranjero

Los vikingos como comerciantes

Los vikingos, por supuesto, comerciaban entre ellos dentro de sus propios territorios, pero las rutas comerciales vikingas también recorrían la Europa occidental y central, extendiéndose hasta el Califato árabe en la Península Ibérica y en el Oriente Medio, Bizancio y hacia el este hasta lo que hoy es Ucrania, Bielorrusia y Rusia. Estas rutas comerciales recorrían las costas de Europa; atravesaban los mares Mediterráneo, Caspio y Negro; y atravesaban ríos navegables como el Rin, el Sena, el Dniéper y el Volga. Las partes más orientales de estas rutas comerciales daban acceso para los vikingos a las mercancías del Lejano Oriente y del Sudeste Asiático, que se transportaban a lo largo de la antigua Ruta de la Seda.

Los bienes exportados de Escandinavia incluían ámbar, madera, marfil de morsa y miel.[xxx] El mineral de hierro extraído de los pantanos tenía una gran demanda fuera de las tierras vikingas, así como las pieles, el esquisto para convertirlo en piedras de afilar y la piedra esteatita, que se convertía en recipientes para cocinar y comer.[xxxi] Los vikingos, a su vez, importaban seda, especias y joyas de Oriente, mientras que el vino, el vidrio, la cerámica y las armas provenían de Europa Occidental y Central.[xxxii] El comercio de esclavos también fue bastante activo en esta época, ya que los esclavos eran importados y exportados por los comerciantes vikingos.[xxxiii]

Una de las importaciones más valoradas por los vikingos era la plata. Esta a menudo llegaba a Escandinavia en forma de monedas árabes llamadas *dirhams*. Se ha excavado una y otra vez en lugares como Alemania y Suecia un tesoro que contenía cientos de dirhams. Estos tesoros son importantes no solo porque muestran a los pueblos de Europa Occidental en un activo comercio con los países árabes, sino también porque las monedas están fechadas y, por lo tanto, pueden darnos una idea de cuándo este comercio estuvo activo.[xxxiv] El autor Richard Hall señala que las monedas de los tesoros vikingos indican que «el comercio oriental comenzó en la década de 780, aumentó en la década de 860-880 y creció dramáticamente hasta alcanzar su máximo en la década de 940-950. A partir de entonces se produjo un descenso a medida que se agotaron las minas de plata de Asia central». Por supuesto, el aumento del número de monedas también se debe al aumento del comercio vikingo fuera de Escandinavia, así como al aumento de las incursiones vikingas.

Sin embargo, los vikingos no usaron estas u otras monedas como dinero. Tanto las monedas árabes como los objetos sagrados cristianos de oro y plata procedentes de las tesorerías de las iglesias a menudo se fundían o se intercambiaban por bienes o servicios en función del peso de cada objeto. Sabemos que los vikingos no veían los dirhams u otras monedas extranjeras como divisa, sino más bien como una fuente de metal en bruto, porque los tesoros vikingos a menudo contienen tanto monedas partidas como completas.[xxxv]

La expansión de las rutas comerciales de los vikingos no solo estimuló la economía, sino que también proporcionó medios de subsistencia a los productores de bienes y dio a los escandinavos acceso a artículos de lujo exóticos. El crecimiento del comercio fue también un estímulo para el crecimiento de las ciudades, que podían funcionar como centros de fabricación, recolección y distribución de manera mucho más eficiente que las pequeñas agrupaciones de granjas que habían sido las comunidades más comunes hasta el siglo VIII.[xxxvi]

Ya hemos hablado de algunas de las características de la ciudad de Hedeby en Jutlandia, que fue uno de los centros de comercio más importantes de la Escandinavia medieval. Lugares como Hedeby eran asentamientos permanentes que, además de viviendas, tenían múltiples embarcaderos para el atraque de barcos; además de los talleres y almacenes para la creación y el almacenamiento de mercancías. Aparte de estos poblados, también había pequeños centros de mercado que podían existir solo en ciertas épocas del año, donde los comerciantes se reunían para comprar, vender e intercambiar sus bienes.[xxxvii]

Kaupang en Noruega era uno de esos centros. Kaupang pudo haber sido originalmente una aldea, pero parece haberse convertido en un simple centro de mercado en el 850.[xxxviii] Richard Hall señala que la fabricación de abalorios era una de las artesanías que se realizaban en Kaupang, y también afirma que allí se han encontrado materiales para fabricar objetos fundidos como broches y materiales para hacer joyas.[xxxix] Kaupang también es una rica fuente de pruebas de los tipos de objetos que se importaban a las tierras vikingas desde otros lugares. Según Hall, entre estos objetos se encontraban:

> [...] vasos, jarras de cerámica y piedras de lava de la región Renania franca, [...] un penique anglosajón, [...] cerámica eslava y jutlandesa, y [...] abalorios [...] que pueden proceder de lugares tan diversos como Irlanda, Ribe, Bizancio, la región del Mar Negro o el Mar Caspio y el Oriente Próximo y Medio.[xl][...]

Mientras que la Escandinavia medieval ciertamente no era un lugar cosmopolita, tampoco estaba aislada. Los vikingos se ocupaban de recolectar y fabricar artículos para comerciar y sus prácticas comerciales los conectaban con lugares y pueblos de toda Europa, Asia y Oriente Medio. Al igual que con las prácticas de la agricultura, la caza y la pesca; la fabricación de objetos artesanales y el comercio eran las ocupaciones de una parte importante de la población, una porción mucho mayor que la que se dedicaba a las incursiones que tan a menudo asociamos con la cultura vikinga.

Las incursiones vikingas

La primera incursión vikinga registrada pasó en Portland, Inglaterra, en 789. La siguiente incursión documentada, en el próspero monasterio de la isla de Lindisfarne en 793, fue aún más violenta que la que se produjo en Portland. Los anales ingleses medievales como la *Crónica Anglosajona* registran el terror y la conmoción engendrados por la incursión de Lindisfarne, en la que muchos de los monjes fueron asesinados, otros tomados como esclavos y el tesoro del monasterio vaciado de su oro, plata, vestimentas de seda y otros objetos de valor.[xli] El saqueo de Lindisfarne fue seguido en 795 por otra incursión en el monasterio, esta vez en Iona, en las islas Hébridas interiores, cerca de la costa escocesa.[xlii] Estas tres incursiones marcan el inicio de la época vikinga.

Inglaterra no era el único objetivo de las incursiones vikingas. El Imperio franco también prometía ricas ganancias y para mediados del siglo IX, los vikingos habían hecho varias incursiones en el territorio franco además de continuar sus ataques en el territorio inglés. En 845, los vikingos navegaron por el Sena y atacaron París. Esta incursión fue liderada por un hombre aparentemente llamado Ragnar, que puede o no haber sido Lodbrok, el de la saga.[xliii] (Vamos a explorar la identidad de Ragnar con más detalle en un capítulo posterior.) Una nueva expansión a los territorios considerados propicios para el saqueo ocurrió en 859, cuando Björn Costado de Hierro, que probablemente era un personaje histórico real y se decía que era el hijo de Ragnar, realizó una incursión en España. Björn más adelante realizó una incursión en Luni, en la costa italiana de Liguria, al año siguiente.[xliv]

La sed de riquezas y el deseo de probarse a sí mismos en la batalla fueron sin duda parte de la motivación de los hombres vikingos para tomar un barco y navegar por el mar para saquear ciudades y pueblos, pero esto es solo una muy pequeña parte del cuadro. Varios factores culturales, sociales y políticos también entraron en juego, lo que hizo de la Escandinavia del siglo IX una plataforma de lanzamiento que facilitaba el ataque a otros territorios. Uno de estos factores fue sin duda la cultura guerrera vikinga, que apreciaba y recompensaba enormemente el valor y la habilidad militar. Sin embargo, fue la estructura política de la primera parte de la época vikinga la que unió a estos guerreros y creó un marco en el que podían prosperar con sus incursiones.

Antes del siglo X, la unidad política básica en la gran parte de Escandinavia era el caciquismo, que se podía transmitir de padre a hijo, pero la sucesión al caciquismo era de hecho mucho más fluida. La ley y la tradición vikinga permitían la herencia tanto por parte de la madre como por parte del padre y, tal como observa el autor John Haywood, «cualquier hombre que tuviera sangre real era apto para el reinado. La ilegitimidad no era un impedimento».

Aunque una línea de descendencia distinguida se consideraba ciertamente meritoria cuando se presentaba como candidato al liderazgo, el linaje de uno no era en absoluto la única consideración; muchos otros factores contribuían a que un hombre pudiera llegar a ser jefe, y esos factores también determinaban si podía mantener esa posición y por cuánto tiempo. El jefe era aceptado como líder, pero la relación jerárquica se detenía allí. Para los guerreros bajo su mando, el jefe era el primero entre iguales, no superior a ellos. Anders Winroth afirma que los guerreros vikingos «no eran unos simples mercenarios que luchaban por el dinero; eran guerreros independientes y orgullosos que luchaban junto a aquellos a los que estaban vinculados en honorables relaciones de amistad».[xlv]

Para mantener la fe en sus guerreros, se esperaba que el jefe fuera generoso en la distribución del botín y de otros regalos, así como en la celebración de fiestas y bebidas a las que los guerreros serían invitados y en las que los escaldos, o poetas, interpretarían canciones y poemas alabando las hazañas del jefe y de sus guerreros.[xlvi] Según cuenta

Winroth, los regalos del jefe a sus guerreros no eran simplemente el pago por los servicios prestados, sino más bien el cumplimiento de una obligación mutua, la otra parte de la cual era el servicio militar del guerrero al mando del jefe.[xlvii]

El tamaño de los grupos de incursión vikingos sin duda variaba según el número y el tamaño de los barcos y el número de hombres armados disponibles. Neil Oliver estima que un tipo de barco largo, el drakkar o el «barco dragón», llamado así por las cabezas de dragón talladas en la proa y la popa levantadas, podría haber tenido «hasta 120 pies (unos 36,6 metros) de largo y ser capaz de llevar quizás a unos 80 hombres armados a la vez». Richard Hall describe un barco excavado en Hedeby de esta manera: «fue construido en el año 985 y tenía 30,9 m (101 pies) de largo y probablemente llevaba a unos 60 remeros».[xlviii] Sin embargo, Anders Winroth estima que los barcos más pequeños eran los más utilizados. Winroth describe una embarcación excavada en Dinamarca, llamada Skuldelev 5, que tenía «un poco más de dieciocho metros de largo y un espacio para trece pares de remos».

Los grupos de incursión podrían incluir solo unos pocos barcos, pero algunos ejércitos vikingos podrían reunir cien o más barcos, dependiendo del objetivo de la incursión. Un ataque, en Canterbury y en el puerto de Londres en 851, fue supuestamente realizado por 350 barcos.[xlix] No tenemos ninguna información sobre el número de hombres transportados en estos barcos, pero si estimamos que cada barco transportaba 40 hombres, el saqueo de Canterbury habría sido realizado por unos 14 000 hombres. Si estos barcos fueran del tipo más grande descrito por Oliver, ese número podría haber sido el doble. Los guerreros vikingos eran audaces, despiadados y habían sido entrenados desde pequeños para manejar armas, así que no sorprende que el avistamiento de velas vikingas en el horizonte o de naves largas remando por el río sembrara el terror en los corazones de la gente que tuvo la desgracia de ser el objetivo de las incursiones vikingas.

Exploración y colonización

La incursión fue solo una de las razones por las que los vikingos navegaron a otras tierras. Los vikingos también hicieron intentos de colonización, algunos exitosos, otros no, y algunos de estos intentos también abarcaron la exploración de nuevas tierras más allá de los límites de la Escandinavia medieval. Islandia fue colonizada por primera vez por vikingos en el siglo IX, mientras que las colonias escandinavas a lo largo del río Volkhov —donde a los vikingos se les conocía como «Rus»— florecieron durante la época vikinga. Los estudiantes de hoy en día aprenden sobre las hazañas de Leif Erikson, quien trató de establecerse en lo que hoy es Terranova, en Canadá. Otra incursión vikinga, esta vez en Inglaterra en el año 865, se realizó no con el objetivo de saquear y luego regresar a casa, sino de establecer una colonia danesa permanente en suelo inglés.

Los vikingos que deseaban colonizar Inglaterra eran conocidos como el «Gran ejército» o a veces como el «Gran ejército pagano», el cual estaba dirigido por hombres llamados Ivar, Halfdan y Ubbe. Se suele pensar que Ivar era el hijo de Ragnar, Ivar el Deshuesado, y Ubbe es nombrado como uno de los hijos de Ragnar en la *Gesta Danorum* de Saxo (las identidades de la descendencia de Ragnar se discuten con más detalle en un capítulo posterior). Neil Oliver afirma que este ejército de vikingos ascendía a unos tres mil y que tuvo una presencia continua en los territorios anglosajones durante unos treinta años.[1]

En el año 878, después de que los vikingos hubieran luchado y saqueado una gran extensión del territorio inglés, el rey Alfredo de Inglaterra pudo finalmente derrotar a una parte del Gran Ejército y hacer un tratado de paz con ellos. El tratado cedió a los vikingos una gran cantidad de tierras que llegaron a conocerse como el «Danelaw» (literalmente: *[Tierra] bajo ley danesa*), ya que estas tierras estaban gobernadas bajo la ley escandinava, no la inglesa. Los límites del Danelaw se extendieron hacia el norte desde el Támesis hasta la frontera con Northumbria y Strathclyde, y hacia el oeste y el este para ocupar una buena parte del centro y el este de Inglaterra. Podemos ver un legado del Danelaw en muchos topónimos ingleses. Los sufijos *-by*, *-thorp* (o *-thorpe*) y *-thwaite* que aparecen en nombres como *Whitby* (*granja blanca*), *Scunthorpe* (*granja periférica que pertenece a Skuma*) y *Bassenthwaite* (*pradera que pertenece a la familia Bastun*) son todos de origen nórdico.

Mientras que el Danelaw se creó para frenar la violencia de un ejército vikingo invasor, los asentamientos escandinavos que se fundaron a lo largo del río Vólkhov parecen haber sido una consecuencia del comercio vikingo con los pueblos de esa región. Las excavaciones arqueológicas en los asentamientos de Stáraya Ládoga y Nóvgorod han aportado una gran cantidad de información sobre estas colonias, cuyos habitantes vikingos eran conocidos como «Rus», la palabra que le da el nombre a Rusia.

Stáraya Ládoga parece haberse fundado en algún momento del siglo VIII, inicialmente como un centro de mercado. Las excavaciones allí han encontrado objetos como un juego completo de herramientas de herrería, una gran cantidad de abalorios de vidrio y monedas de dirham.[li] La organización de los entierros y lugares de enterramiento también muestra que la población escandinava vivía codo con codo con los eslavos que eran nativos de la zona. Los tipos de tumbas, los métodos de enterramiento y la creación de cementerios escandinavos y eslavos por separado son testimonios de la forma en la que estos dos pueblos vivieron juntos hace más de mil años.[lii]

Nóvgorod es un asentamiento algo más tardío que Stáraya Ládoga y fue fundado a mediados del siglo X. El Nóvgorod medieval también está sorprendentemente bien conservado; muchos de los edificios que formaban esta ciudad medieval se han desenterrado en relativamente buen estado y están formados por una mezcla de viviendas y talleres. Los objetos excavados incluyen broches, amuletos, muebles, ropa, espadas de juguete hechas de madera y, quizás lo más importante, cartas escritas en corteza de abedul, que demuestran que esta era una población alfabetizada.

En los asentamientos vikingos a lo largo de Vólkhov y en el Danelaw, la población de inmigrantes escandinavos se fue fusionando gradualmente con los locales. Sin embargo, el asentamiento de Islandia era una situación completamente diferente, ya que, en la época de los asentamientos escandinavos originales, Islandia estaba totalmente despoblada.

Los escandinavos comenzaron a colonizar Islandia a finales del siglo IX. Una historia de Islandia escrita en el segundo cuarto del siglo XII por el islandés Ari Thorgilsson sitúa el inicio de la colonización alrededor del año 870. El examen de las muestras del núcleo de hielo tomadas de los glaciares de Islandia parece corroborar esta fecha, aunque existe cierta controversia sobre la exactitud del método de datación utilizado, que se basa en las señales químicas de los flujos de lava.[liii] Richard Hall estima que para el año 1095 pudo haber entre 40.000 y 100.000 personas viviendo en Islandia, cifra que se basa en un censo realizado a las personas que tenían derecho a asistir al Althing, la asamblea nacional de Islandia, en dicho año. Hall indica que en el censo de 1095 se enumeraron 4560 «agricultores propietarios de tierras libres» como base de la población total estimada.[liv] Hall no proporciona el método utilizado para su estimación, pero se puede suponer que se basa en algún tipo de proporción conocida de propietarios de tierras con respecto a los que no las poseen.

Las expediciones vikingas a lo que hoy es Canadá no tuvieron la suerte que habían tenido muchos asentamientos en otros lugares. El lugar que los vikingos llamaron «Vinland», por su supuesta riqueza en viñedos, se visitó por primera vez por los vikingos como resultado de un accidente. Un hombre llamado Bjarni Herjólfsson estaba navegando desde Islandia a Groenlandia en el año 986 cuando se salió de su ruta y avistó a la tierra que hoy llamamos Labrador. Sin embargo, Bjarni no desembarcó allí, sino que dio la vuelta y navegó a salvo hasta Islandia.[lv]

El relato de la aventura de Bjarni llamó la atención de Leif Erikson, el hijo de Erik el Rojo, que fundó la desafortunada colonia vikinga en el sur de Groenlandia. Erikson adquirió el barco de Bjarni, reunió una tripulación y navegó hacia el oeste. Leif navegó a lo largo de la costa de esta nueva tierra hasta que encontró un lugar adecuado para un campamento, donde él y su tripulación construyeron refugios. Leif llamó a su asentamiento *Leifsbuthir*.[lvi]

Aunque hubo varios intentos por parte de los hermanos y la hermana de Leif de establecer la colonia y poblar el lugar, nunca se logró nada de esos esfuerzos. Las sagas existentes, que se escribieron siglos después del evento, hablan de las dificultades con los pueblos indígenas que los colonos vikingos llamaron *skraelings*. Con el tiempo, los vikingos renunciaron a su asentamiento en esta nueva tierra. Pasarían varios cientos de años antes de que otros colonos blancos fueran allí en busca de zonas de pesca, madera u otros recursos.

Durante mucho tiempo, muchos historiadores modernos dudaron de la veracidad de la historia de Vinland. Sin embargo, la arqueóloga noruega Anne Stine Ingstad trabajó en excavaciones durante la mayor parte de la década de 1960 y descubrió pruebas innegables de la presencia vikinga en un lugar llamado L'Anse aux Meadows en Terranova. Se supone que aquel asentamiento es lo que queda de Leifsbuthir.[lvii]

Tanto si actuaban como comerciantes a lo largo de los ríos o por tierra, como si eran incursores que saqueaban las costas extranjeras o exploradores en busca de nuevas tierras, los vikingos tenían una presencia vital en una parte importante de Europa, Asia y el Oriente Medio. Los escandinavos medievales llevaron el terror a los lugares que saqueaban y el comercio a los lugares donde comerciaban. Es imposible imaginar la Edad Media sin los vikingos, cuya cultura e historia son un testamento de las formas en las que el mundo siempre ha estado conectado, siglos antes de nuestros actuales modos de comunicación instantánea.

Artes verbales vikingas

Las sagas islandesas y las fuentes de la Saga de Ragnar Lodbrok

La palabra *saga* ha entrado en el léxico moderno como un término que evoca imágenes de grandes viajes, heroísmo, batallas épicas, fantasía y a menudo un sentido de lo antiguo, incluso si la historia en sí no está ambientada en un pasado real. Sin embargo, esta es una definición más moderna. *Saga*, una palabra islandesa, significaba originalmente simplemente *cuento*, *historia* o *mito*, y se utilizó por primera vez en inglés como un término genérico para describir los escritos de prosa escandinava en el siglo XVIII. La definición con la que estamos familiarizados hoy en día es el resultado de las expansiones de significado adoptadas durante los siglos XIX y XX, pero que realmente tiene su base en el tipo de historias y personajes que contienen las sagas islandesas.

El conjunto original de sagas islandesas comenzó a compilarse en el siglo XII después de que los misioneros introdujeran la escritura como parte de la cristianización de Escandinavia, mientras que anteriormente las sagas se habían transmitido de forma oral. Los estudiosos modernos han dividido las sagas en varios géneros según el contenido de las historias. En su traducción de la *Saga de Lodbrok*, el autor Ben Waggoner señala que estos géneros raramente son completamente inamovibles: las sagas de un tipo a menudo contienen elementos que son característicos de otro.[lviii]

Hay tres tipos principales de sagas: las sagas de los islandeses, que son relatos más o menos históricos sobre los colonos que poblaron Islandia por primera vez en la Edad Media; las sagas de los reyes, que son historias históricas y pseudohistóricas sobre los reyes escandinavos; y las *Fornaldarsögur*, término que Waggoner traduce como «las sagas de de los tiempos antiguos», pero que se conocen más comúnmente como las sagas legendarias. Estas sagas legendarias abarcan mitos y leyendas heroicas de origen germánico.[lix] Waggoner señala que la Saga de Ragnar Lodbrok es una de las que desafía la clasificación genérica, ya que la historia de Lodbrok combina elementos tanto de las sagas de los reyes como de las sagas legendarias.[lx] Esto se debe a que Lodbrok se representa como un rey en un cuento pseudohistórico que incluye elementos de fantasía como el asesinato de dragones y vacas encantadas, y también porque parte de la *Saga de Lodbrok* se basa directamente en una de las sagas legendarias más importantes, la *Saga de los volsungos*, de la que se habla con más detalle a continuación. (El apéndice A contiene una sinopsis de la *Saga de los volsungos*).

Una cuarta fuente importante de mitos y poesías medievales escandinavas es el par de compilaciones conocidas como la *Edda prosaica* (o la *menor*) y la *Edda poética* (o la *mayor*), que fueron escritas por el historiador islandés Snorri Sturluson a principios del siglo XIII. La *Edda poética* es una colección de mitos nórdicos en forma poética, mientras que la *Edda prosaica* es un manual para la composición poética. La *Edda prosaica* fue el intento de Sturluson de capturar y describir la estructura y los entresijos de la antigua poesía nórdica conocida como poesía escáldica. Al igual que la *Edda poética*, la *Edda prosaica* también contiene muchos mitos nórdicos.

La *Saga de Ragnar Lodbrok* se conserva en múltiples fuentes manuscritas, algunas de las cuales son más completas que otras. Waggoner afirma que la versión más completa de la saga se encuentra en un manuscrito compilado alrededor del año 1400, que ahora se encuentra en la Biblioteca Real Danesa de Copenhague y que presenta la *Saga de Ragnar Lodbrok* como una continuación directa de la *Saga de los volsungos*.[lxi] Waggoner señala que otro manuscrito de la Biblioteca Real Danesa conserva una versión ligeramente diferente de la historia de Ragnar, pero desafortunadamente ese manuscrito no está completo.[lxii]

Junto con la saga de Ragnar, está el *Relato de los hijos de Ragnar*, que cuenta las hazañas y aventuras de la prole de Ragnar después de la muerte de su padre a manos del rey Aelle de Northumbria. La fuente principal de esta parte de la historia es el llamado *Hauksbók*, un manuscrito compilado a principios del siglo XIV por el islandés Haukr Erlendsson. El *Relato de los hijos de Ragnar*, que pudo haber sido escrito por el mismo Erlendsson, es solo uno de los muchos elementos de este manuscrito, que según Waggoner también contiene «escritos cristianos, obras históricas y textos matemáticos».

La última fuente principal de la historia de Ragnar es el *Krákumál*, un poema anónimo de 29 estrofas escrito en el siglo XII, probablemente en algún lugar de las islas escocesas.[lxiii] *Krákumál* contiene la canción de la muerte de Ragnar, que Ragnar canta en un pozo lleno de serpientes venenosas, donde muere por orden del rey Aelle. El *Krákumál* está compuesto en háttlausa, un tipo de métrica de la poesía escáldica que emplea la aliteración habitual en la poesía germánica y escandinava de este período, pero evita la rima interna del dróttkvaett, o «métrica corta», más formal, sobre la que se habla más abajo.[lxiv] Cada estrofa del *Krákumál* comienza con un estribillo (*Los cortamos con nuestras espadas*) y luego pasa a describir las hazañas de Ragnar en las batallas con varios reyes y nobles en varios lugares lejanos, la mayoría de las cuales no se mencionan ni en el texto de la saga propiamente dicha ni en el *Relato de los hijos de Ragnar*.

Otras dos fuentes auxiliares para la historia de Ragnar son un fragmento de una saga islandesa sobre los reyes suecos y daneses y una copia del siglo XVI de parte de la ahora perdida *Saga Skjöldunga* (*Skjöldungasaga*), un cuento sobre la dinastía danesa de los Skjöldung. Los Skjöldung también aparecen en el cuento anglosajón *Beowulf*; el amigo de Beowulf, Hrothgar, es miembro de esta dinastía. Waggoner afirma que un fragmento de la saga de Ragnar que tiene que ver con los reyes cuenta la historia de los antepasados de Ragnar, mientras que la *Saga Skjöldunga* contiene material que también aparece en el *Relato de los hijos de Ragnar*.[lxv]

Una última fuente no es ni una saga islandesa ni un viejo poema nórdico, sino una obra histórica en latín, la *Gesta Danorum* (también llamada *Historia Dánica*), escrita por el historiador medieval danés Saxo Gramático (c. 1160-c. 1220). Esta monumental obra, compuesta por una serie de nueve libros, es una historia de Dinamarca desde la antigüedad hasta el siglo XII. Contiene una narración de la vida y las hazañas de Ragnar, aunque, así como con en una saga, también es difícil desenredar los hechos de la ficción en la historia de Saxo.

Algunos elementos se comparten entre la saga y la *Gesta Danorum*, tales como el incidente de la matanza del dragón y el origen del apodo *Lodbrok*, pero hay variaciones significativas entre estas dos versiones sobre la vida y las hazañas de Ragnar Lodbrok.[lxvi] Algunos detalles como los nombres y el número de los hijos de Ragnar son diferentes en el relato de Saxo, y algunos aspectos de la trama y la acción en la obra de *Gesta Danorum* no son los mismos que en la saga en sí. Por ejemplo, Saxo relata las batallas entre Ragnar y Karl (presumiblemente Carlos el Calvo de Francia, que reinó de 843 a 877), así como la conquista de Ragnar del Hellespont. Ninguna de estas acciones aparece en la saga en sí.[lxvii]

La saga de Ragnar participa tanto en la fluidez de una tradición oral, en la que los fragmentos de una historia pueden variar de una transmisión a otra, como en el impulso muy humano de basar una historia, por muy fantástica que sea, en un mundo con cualidades familiares para los lectores y oyentes. También muestra el impulso por conectar a la gente con el pasado, ya sea real o imaginario, en un esfuerzo por entender cómo las cosas llegaron a ser como son.

Poesía escáldica

La reputación y la fama eran de una vital importancia para los vikingos y, en particular, para los jefes y reyes vikingos. En una época anterior a la llegada de la escritura, una forma de difundir las hazañas de uno era contratar a un escaldo, o un poeta de la corte, para crear canciones que detallaran lo que uno había logrado.

La poesía escáldica se originó como una forma de arte oral, pero después de la llegada del cristianismo, comenzó a preservarse por escrito. Los poemas escáldicos existentes se atribuyen a menudo a determinados poetas y, en cierta medida, pueden utilizarse como fuentes históricas, ya que implican descripciones de acontecimientos contemporáneos y elogios a dignatarios contemporáneos.[lxviii] Estas características distinguen la poesía escáldica de la encontrada en las eddas. La poesía de las eddas, a diferencia de la escáldica, suele ser anónima y trata de las hazañas de los héroes del pasado o de temas mitológicos.[lxix]

La forma más común usada para la poesía escáldica es el *dróttkvaett*, o la «métrica corta». Es una forma compleja con reglas estrictas sobre la longitud de las líneas, la tensión de las sílabas, la aliteración y la rima. Cada estrofa de un poema en métrica corta tiene ocho líneas, que se componen como cuatro conjuntos de pares de AB. Cada línea debe tener seis sílabas, tres de las cuales deben ser acentuadas y tres sin acentuar. La última sílaba de cada línea debe ser una sílaba sin acentuar. La línea a debe tener dos sílabas aliteradas, y la siguiente línea B debe usar esa misma aliteración en una sílaba. Cada línea también tiene que tener rimas internas.

Además de las estructuras poéticas formales, la poesía escáldica empleó una capa adicional de complejidad en forma de kennings. Un kenning es una forma indirecta de referirse a una persona u objeto y tiene dos partes: la palabra base y el determinante. En su libro sobre la vida vikinga, la autora Kirsten Wolf presenta el ejemplo del *caballo de surf* como un kenning para *barco*, donde *caballo* es la palabra base para nombrar el objeto, y *surf* es el determinante que califica la palabra base.[lxx] El *caballo del surf* es un kenning relativamente simple y directo; a menudo los kenning eran significativamente más abstrusos.

Los kennings se utilizaban no solo para hacer los poemas más complejos y, por lo tanto, más interesantes, sino también para ayudar a los escaldos a cumplir las reglas del compás creando sílabas adicionales con sus correspondientes tensiones, vocales para la rima y sonidos iniciales para la aliteración.[lxi] También fueron un medio por el cual los escaldos podían mostrar su creatividad y habilidad con las palabras, ya que tenían que inventar circunloquios para palabras que de otra manera serían ordinarias, además de hacer encajar todo dentro de las restricciones impuestas por la métrica. Puesto que este tipo de poesía se componía y transmitía originalmente de manera no escrita, se necesitaba mucho esfuerzo y práctica, así como una memoria prodigiosa, para ser un escaldo.

La poesía escáldica desempeña un papel importante en la *Saga de Ragnar Lodbrok*. En algunos lugares, Ragnar habla en verso escáldico, al igual que Aslaug, la tercera esposa de Ragnar. Cada verso es un ejemplo de un discurso elevado, donde la situación requiere algo más que un mero diálogo. El primero de ellos es cuando Ragnar mata al dragón que ha mantenido cautiva a la joven noble Thora. Después de que el dragón muere, Thora pregunta el nombre de su salvador y Ragnar responde con un verso que da pistas sobre su identidad, pero no revela su nombre. Otros intercambios escáldicos tienen lugar durante el cortejo por parte de Ragnar a Aslaug. Cuando Aslaug llega a los barcos de Ragnar habiendo cumplido las condiciones del enigma que Ragnar le plantea, anuncia su presencia en verso. Al final de este primer encuentro, Ragnar usa versos escáldicos para ofrecerle a Aslaug una de las camisas de su primera esposa como regalo. Aslaug rechaza el regalo, lo que también hace en verso escáldico.

Estas expresiones poéticas tienen dos propósitos principales. Uno de ellos es una especie de solemnización del momento, porque los personajes rompen los patrones normales del habla y utilizan un lenguaje poético muy estructurado para transmitir lo que quieren decir. El otro es una revelación del estatus social: cuando Ragnar responde a la pregunta de Thora sobre su nombre mediante el uso de la poesía y cuando Aslaug utiliza la poesía para dirigirse a Ragnar más tarde en la saga, tanto Ragnar como Aslaug indican que son de un estatus social alto porque son capaces de construir y pronunciar espontáneamente versos escáldicos, una forma de la poesía asociada a las cortes nobles y reales.

El hecho de que Ragnar hable en verso escáldico en la escena de la matanza del dragón es importante porque le hace saber a Thora que, a pesar de su extraña vestimenta, su salvador es su misma clase social y por tanto será posible para Thora casarse con él sin vergüenza. Una condición similar se encuentra en los intercambios entre Aslaug y Ragnar, donde el uso de los versos escáldicos por parte de Ragnar indica su estatus de rey y anuncia su inteligencia como una cualidad que una mujer podría querer en un marido. El uso del verso de Aslaug también revela algo de su identidad al mostrar que, aunque parezca ser una hija de campesinos, es, de hecho, de un linaje mucho más noble y digna de ser la esposa de Ragnar y la reina de su pueblo. Thora, por el contrario, no necesita hablar en el verso escáldico porque su posición social y su linaje nunca se ocultan ni se cuestionan. Lo mismo ocurre con Ladgerda, la primera esposa de Ragnar, que es reina y guerrera por derecho propio.

Tal y como lo vimos antes, una de las fuentes de la historia de Ragnar es el *Krákumál*. Evidentemente los fragmentos de poesía salpicados en la saga propiamente dicha no fueron suficientes para la persona que compuso el relato; se vieron obligados a poner en boca de Ragnar un poema entero y extenso que detallaba sus hazañas, llegando incluso a añadir aventuras de las que la saga no da testimonio. En un sentido, entonces, el Krákumál podría ser visto como una forma temprana y poética de ficción.

Aunque no es aconsejable considerar la poesía escáldica o las sagas como fuentes históricas, ellas nos proporcionan algunas perlas de la historia real. Sin embargo, su verdadero valor no es el de ser testigos de eventos históricos sino más bien el de la visión del mundo de las personas que crearon y compilaron estas historias. A través de las sagas y de la poesía escáldica, aprendemos qué cualidades humanas eran las más apreciadas por las personas que las crearon, cómo se veían y valoraban las prácticas culturales y sociales, y la habilidad y amplitud de la imaginación de sus creadores.

¿Quién fue Ragnar Lodbrok?

Al igual que el rey Arturo y Robin Hood, Ragnar Lodbrok pudo haber sido una persona real y haber realizado algunas de las acciones que se le atribuyen en las sagas y fuentes relacionadas como el *Krákumál*, y en las crónicas medievales que registran las actividades vikingas. Sin embargo, como en el caso del rey Arturo y Robin Hood, no siempre es fácil separar la verdad de la ficción con respecto a Ragnar Lodbrok. La matanza de dragones obviamente cae en el lado ficticio de las cosas, pero las incursiones vikingas en Inglaterra, Noruega y Francia, y las batallas con los reyes suecos son históricamente plausibles, independientemente de si realmente ocurrieron tal y como se describen en la saga.

Una parte del problema es que las fuentes que pretenden ser historias verdaderas se escribieron siglos después de la supuesta vida de Lodbrok, y otra parte es la dificultad de averiguar si el «Ragnar» nombrado en una crónica medieval particular es el Ragnar Lodbrok «verdadero» (en el supuesto caso de que tal persona haya existido alguna vez) o si se trata de otra persona con el mismo nombre. Las crónicas francas mencionan a un «Reginheri», que saqueó París en 845, y a un «Reginarius», que recibió tierras y un monasterio de Carlos el Calvo en 840, mientras que un rey nórdico llamado «Ragnall» se menciona en las crónicas irlandesas como si hubiera invadido Irlanda en 851. Debido a la escasez de fuentes y pruebas que lo corroboren, es imposible decir si alguno o todos estos hombres eran Ragnar Lodbrok. También es posible que Reginheri, Reginarius y Ragnall fueran todos individuos diferentes y que ninguno de ellos fuera el Lodbrok en cuestión.

La evidencia de la existencia de los hijos de Lodbrok es un poco menos dudosa que la del propio Lodbrok. Björn Costado de Hierro parece haber sido un personaje histórico real y Sigurd Serpiente en el

Ojo también también parece haberlo sido, aunque si realmente fueron los hijos del legendario Ragnar Lodbrok es una pregunta sin respuesta. A Ivar el Deshuesado y a su hermano Ubbe (mencionados en la *Gesta Danorum* de Saxo Gramático, pero no en la saga) se les atribuye el haber dirigido un ejército vikingo que invadió Inglaterra en el año 878 en una copia manuscrita de la *Crónica anglosajona* de finales del siglo IX.[lxxii] Según el autor R. Bartlett, Abón de Fleury, que escribió alrededor del año 986, nombra a Ivar y a Ubbe como los asesinos del rey Edmund (más tarde San Edmundo Mártir).[lxxiii] Los nombres de Ivar y Ubbe también aparecen en un conjunto de otras historias medievales posteriores de Inglaterra, cuyos autores les atribuyen otras depredaciones como la destrucción de Ely.[lxxiv]

Puede que nunca sepamos si algunas de estas personas existieron realmente, ni tampoco podemos saber cuál fue su relación precisa, si es que la hubo, con el supuesto Lodbrok. Sin embargo, sabemos que el linaje era de vital importancia en la sociedad escandinava medieval y que poder proclamar la descendencia de un personaje famoso o incluso de un ser divino otorgaba estatus. Al menos uno de los compiladores de la saga de Ragnar intentó elevar el estatus del propio Ragnar y por lo tanto el de sus hijos, por medio de la relación de Ragnar con los volsungos, una de las familias más importantes en los mitos y leyendas medievales escandinavos. La historia de esta familia se cuenta en la *Saga de los volsungos*, que es un cuento de dragones, oro maldito, triángulos amorosos, batallas y magia que inspiró la imaginación medieval y más tarde también a los creadores más modernos, como al compositor de ópera Richard Wagner o al autor J. R. R. Tolkien. La versión de la leyenda de Ragnar mencionada anteriormente no es un complemento a la *Saga de los volsungos*, sino más bien una ramificación directa de la misma. La leyenda se retoma en el punto en el que la historia del volsungo Sigfrido y de su amada valquiria Brunilda se termina. Empieza con la huida de Heimir, el padre adoptivo de Brunilda, y de la niña Aslaug tras la muerte de Sigfrido y Brunilda, que son los padres de Aslaug y dos de los personajes más importantes de la *Saga de los volsungos*. Ragnar finalmente toma a Aslaug como su tercera esposa, inicialmente sin saber que ella es la hija de Sigfrido y Brunilda, ya que cuando Ragnar la conoce, ella vive con campesinos y se hace llamar Kraka. No es hasta mucho más tarde en la saga de Ragnar, que Aslaug revela su verdadero linaje y lo prueba diciendo que su próximo hijo será un niño con una serpiente en el ojo en honor a su abuelo materno, que mató al dragón Fafner. La profecía de Aslaug se hace realidad y al niño se le llama Sigurd Serpiente en el Ojo.

El hecho de que Ragnar y sus hijos con Kraka o Aslaug (Björn, Ivar, Sigurd y Hvitserk) quisieran reivindicar la conexión con el héroe Sigfrido y su amante Brunilda también se debía a que tener un vínculo familiar directo con ellos significaba ser familia del mismísimo Odín el Padre. Volsung, que era el fundador del clan de los volsungos, era el abuelo de Kraka o Aslaug, mientras que Odín, a su vez, era el bisabuelo de Volsung. ¿Qué mayor legitimidad se puede reclamar que la de descender o casarse con la familia del dios más poderoso del panteón nórdico?

A pesar de la historicidad real de Ragnar, su personaje tuvo una importante influencia en la cultura y la sociedad escandinavas. Afirmar tener a alguien como Ragnar Lodbrok como antepasado transmitía una cierta cantidad de prestigio y legitimidad personal que uno podía utilizar en su beneficio. En la introducción de su traducción de la saga de Ragnar, el autor Ben Waggoner da el ejemplo de Snorri Sturluson, el compilador del siglo XII de las eddas islandesas, que podría reivindicar su descendencia de Björn Costado de Hierro.[lxxv] El autor Jackson Crawford, en su traducción de la saga, afirma que Harald Cabellera Hermosa (d. c. 930 ce), el primer rey del reino unido de Noruega, afirmaba que Sigurd Serpiente en el Ojo era su abuelo.

Este tipo de reivindicaciones no murieron con la Edad Media: se seguían haciendo en épocas más modernas, también con el objetivo de establecer una legitimidad política y social. En el año 1879, el autor Albert Welles publicó una genealogía del presidente americano

George Washington, afirmando que Washington era descendiente de un hombre llamado Odín, quien según Welles asumió el nombre de esa deidad más tarde en su vida.[lxxvi] La genealogía de Welles, por supuesto, incluye a Ragnar Lodbrok y a sus hijos entre los antepasados de Washington a través de Thorfinn el Danés que, según Welles, emigró a Inglaterra desde Dinamarca a principios del siglo XI y se estableció en Yorkshire, que entonces formaba parte del Danelaw. Por supuesto, la exactitud de la genealogía de Welles es sospechosa, al menos con respecto a las generaciones anteriores a Thorfinn, porque Welles asume de forma poco crítica que todas las personas nombradas en sus fuentes deben haber sido una persona histórica real. Sin embargo, es interesante observar que Ragnar y su progenie siguen apareciendo en genealogías de motivación política incluso mil años después de sus vidas.

Sin embargo, al final —y pese a todos los intentos de otros de incrementar su estatus al reclamar a Ragnar como antepasado— no importa realmente si el Lodbrok de la saga era un personaje histórico real o un retrato compuesto alrededor del cual se tejió un conjunto de leyendas, tanto históricas como ficticias, o si fue creado al completo por un narrador de historias antiguas. La saga de Ragnar es un cuento que vale la pena contar en sí mismo, un cuento sobre personajes verosímiles y compasivos, y un cuento del que podemos aprender mucho sobre la cultura y la sociedad vikingas.

Notas sobre el mundo de Ragnar Lodbrok

Kirsten Wolf, *Daily Life of the Vikings* (Westport: The Greenwood Press, 2004), p. 22. *(en inglés)*

Wolf, *Daily Life*, p. 22. *(en inglés)*

Wolf, *Daily Life*, p. 22. *(en inglés)*

Richard Hall, *El mundo de los Vikingos* (Nueva York: Thames and Hudson, 2007), pp. 40-43.

Anders Winroth, *The Age of the Vikings* (Princeton: Princeton University Press, 2014), p. 138-9. *(en inglés)*

James Graham-Campbell, ed., *Cultural Atlas of the Viking World* (Oxford: Andromeda, 1994), p. 63. *(en inglés)*

Graham-Campbell, *Cultural Atlas*, pp. 80-83. *(en inglés)*

Wolf, *Daily Life*, p. 8. *(en inglés)*

Wolf, *Daily Life*, p. 10-11. *(en inglés)*

Wolf, *Daily Life*, p. 22-24. *(en inglés)*

Winroth, *Age of the Vikings*, p. 164-65. *(en inglés)*

Las historias de las mujeres guerreras en el relato de Saxo se resumen en la obra de Judith Jesch, *Women in the Viking Age*

(Woodbridge: The Boydell Press, 1991) *(en inglés)*, a partir de la página 176.

Charlotte Hendenstierna-Jonson et al., «A Female Viking Warrior Confirmed by Genomics», *American Journal of Physical Anthropology* 164/4 (2017): 853-60. *(en inglés)*

Hendenstierna-Jonson et al., «Female Viking Warrior», p. 855. *(en inglés)*

Hendenstierna-Jonson et al., «Female Viking Warrior», p. 855-57. *(en inglés)*

Hall, *El mundo de los Vikingos*, p. 34.

Jesch, *Women in the Viking Age*, pp. 183-85. *(en inglés)*

Wolf, *Daily Life*, p. 13. *(en inglés)*

Wolf, *Daily Life*, p. 8-9. *(en inglés)*

Wolf, *Daily Life*, p. 10. *(en inglés)*

Wolf, *Daily Life*, p. 10. *(en inglés)*

Winroth, *Age of the Vikings*, p. 162-64. *(en inglés)*

Winroth, *Age of the Vikings*, p. 162-64. *(en inglés)*

Winroth, *Age of the Vikings*, p. 163-64. *(en inglés)*

Neil Oliver, *The Vikings: A New History* (Nueva York: Pegasus Books LLC, 2013), p. 108. *(en inglés)*

Winroth, *Age of the Vikings*, p. 123. *(en inglés)*

John Haywood, *Los hombres del Norte: La saga vikinga 793-1241* (Nueva York: St. Martin's Press, 2015), p. 14.

Wolf, *Daily Life*, p. 24 (en inglés); Graham-Campbell, *Cultural Atlas*, p. 75. *(en inglés)*

Haywood, *Los hombres del Norte*, p. 20-22; Graham-Campell, *Cultural Atlas*, p. 75. *(en inglés)*

Haywood, *Los hombres del Norte*, p. 22.

Graham-Campbell, *Cultural Atlas*, p. 75. *(en inglés)*

Graham-Campbell, *Cultural Atlas*, p. 79. *(en inglés)*

Wolf, *Daily Life*, p. 24. *(en inglés)*

Graham-Campbell, *Cultural Atlas*, p. 78. *(en inglés)*

Graham-Campbell, *Cultural Atlas*, p. 78. *(en inglés)*

Hall, *El mundo de los Vikingos*, p. 33, 99.

Hall, *El mundo de los Vikingos*, p. 101.

Hall, *El mundo de los Vikingos*, p. 101.

Winroth, *Age of the Vikings*, p. 124-27. *(en inglés)*

Graham-Campbell, *Cultural Atlas*, p. 78. *(en inglés)*

Graham-Campbell, *Cultural Atlas*, p. 85. *(en inglés)*

Hall, *El mundo de los Vikingos*, p. 59.

Hall, *El mundo de los Vikingos*, p. 60.

Hall, *El mundo de los Vikingos*, p. 60. Ribe es una ciudad de Dinamarca.

Haywood, *Los hombres del Norte*, p. 42-3.

Haywood, *Los hombres del Norte*, p. 45.

Haywood, *Los hombres del Norte*, p. 45, 88.

Haywood, *Los hombres del Norte*, p. 169-70.

Haywood, *Los hombres del Norte*, p. 40.

Winroth, *Age of the Vikings*, p. 136. *(en inglés)*

Winroth, *Age of the Vikings*, p. 136-39. *(en inglés)*

Winroth, *Age of the Vikings*, p. 136-37. *(en inglés)*

Oliver, *New History*, p. 99-100. *(en inglés)*

Hall, *El mundo de los Vikingos*, p. 54.

Winroth, *Age of the Vikings*, p. 75. *(en inglés)*

Haywood, *Los hombres del Norte*, p. 47.

Haywood, *Los hombres del Norte*, p. 50.

Oliver, *New History*, p. 169. *(en inglés)*

Caroline Taggart, *The Book of English Place Names: How Our Towns and Villages Got Their Names* (n. p.: Ebury Press, 2011), p. 15, 82, 269. *(en inglés)*

Graham-Campbell, *Cultural Atlas*, pp. 190-91. *(en inglés)*; Winroth, *Age of the Vikings*, p. 114. *(en inglés)*

Graham-Campbell, *Cultural Atlas*, pp. 190-91. *(en inglés)*

Graham-Campbell, *Cultural Atlas*, p. 192 *(en inglés)*; Hall, *El mundo de los Vikingos*, p. 97.

Hall, *El mundo de los Vikingos*, p. 150, 152.

Hall, *El mundo de los Vikingos*, p. 151.

Hall, *El mundo de los Vikingos*, p. 181.

Hall, *El mundo de los Vikingos*, p. 160.

Hall, *El mundo de los Vikingos*, p. 161.

Ben Waggoner, traducción., *The Sagas of Ragnar Lodbrok* (New Haven: The Troth, 2009), p. xiii. *(en inglés)*

Ben Waggoner, traducción., *The Sagas of Ragnar Lodbrok*, p. xi. *(en inglés)*

Ben Waggoner, traducción., *The Sagas of Ragnar Lodbrok*, p. xiii. *(en inglés)*

Ben Waggoner, traducción., *The Sagas of Ragnar Lodbrok*, p. xxiv. *(en inglés)* El manuscrito en cuestión se encuentra en la Biblioteca Real Danesa de Copenhague, MS NkS 1824b 4to.

Este manuscrito se encuentra en la Biblioteca Real Danesa de Copenhague, MS AM 147 4to. Ben Waggoner, traducción., *The Sagas of Ragnar Lodbrok*, p. xxiv. *(en inglés)*

Ben Waggoner, traduccion., *The Sagas of Ragnar Lodbrok*, p. xxv. *(en inglés)* Waggoner también señala que el *Hauksbók* se dividió en sus partes constituyentes y las piezas se catalogaron por separado. La parte que contiene el *Relato de los hijos de Ragnar* ahora se

encuentra en el Instituto Arnamagnaean de la Universidad de Copenhague como MS AM 544.

Robert Crawford, *Scotland's Books: A History of Scottish Literature* (Oxford: Oxford University Press, 2009), n. p., *(en inglés)* consultado a través de los Libros de Google <http://google.com/books> 23 de marzo de 2020.

n. a., *Teutonic Forms*, p. 3 *(en inglés)* (PDF visitado en https://www.jsicmail.ac.uk, 23 de marzo de 2020). El PDF parece citar a Turville-Petre, p. xix, como fuente para la definición de *háttlausa*, pero no da una descripción bibliográfica más allá del apellido del autor y el número de página. Es posible que esta información se haya tomado de la obra *Scaldic Poetry* de Gabriel Turville-Petre (Oxford: Clarendon Press, 1976), pág. xxix, pero no tengo acceso a este volumen y, por lo tanto, no puedo confirmar la exactitud de esta suposición.

Ben Waggoner, traducción., *The Sagas of Ragnar Lodbrok*, p. x. *(en inglés)*

Oliver Elton, traducción. *The Nine Books of the Danish History of Saxo Grammaticus.* 2 vols. (Londres: Norroena Society, [1905]). *(en inglés)*

Elton, traducción., *Saxo Grammaticus*, vol. 2, p. 544-5. (en inglés)

Elton, traducción., *Saxo Grammaticus*, vol. 2, p. 550 (episodio de Carlomagno) and 552-4 (episodio de Hellespont). (en inglés)

Winroth, *Age of the Vikings*, p. 134-38. *(en inglés)*

Wolf, *Daily Life*, p. 55. *(en inglés)*

Wolf, *Daily Life*, p. 55. *(en inglés)*

Crawford, *Volsungs*, p. xv. *(en inglés)*

R. Bartlett, «The Viking Hiatus in the Cult of Saints as Seen in the Twelfth Century», in *The Long Twelfth-Century View of the Anglo-Saxon Past*, editado por Martin Brett y David A. Woodman

(Abingdon: Routledge, 2016), p. 18. Bartlett cita el manuscrito F de la obra *Chronicle*, f. 54. «Viking Hiatus» n. 16. *(en inglés)*

Bartlett, *Viking Hiatus*, p. 17-8. *(en inglés)*

Bartlett, *Viking Hiatus*, p. 18. *(en inglés)*

Ben Waggoner, traducción., *The Sagas of Ragnar Lodbrok*, p. xvi-xvii. *(en inglés)*

Crawford, *Volsungs,* p. xix. *(en inglés)*

Albert Welles, *The Pedigree and History of the Washington Family* (Nueva York: Society Library, 1879). *(en inglés)*

Welles, *Washington*, p. iv. *(en inglés)*

Parte II: La saga de Ragnar Lodbrok y sus hijos

La versión de la saga que se presenta aquí es una compilación tomada de varias traducciones y relatos modernos de la historia de la vida y obras de Ragnar y de sus hijos. No intento indicar qué partes de la historia que aquí se cuenta provienen de qué parte de las fuentes medievales; más bien, mi objetivo es crear una narrativa coherente que sea accesible a los lectores modernos.

Las partes del diálogo de la saga que aparecen como poesía escáldica se han reescrito libremente en base a las traducciones modernas del nórdico antiguo. He usado tanto la aliteración como los kennings en las secciones poéticas en un intento de capturar algo de sabor de la poesía nórdica antigua original, pero no he empleado la forma poética escáldica real. Los kennings para «dragón» en el poema recitado por Ragnar son originales del nórdico antiguo, pero el kenning para «negro» en el poema recitado por Kraka o Aslaug es mi propia adición.

De vez en cuando, la saga presenta ideas o imágenes que merecen una mayor explicación. Con el fin de proporcionar un mayor contexto para el lector moderno, he adjuntado notas para estos artículos al pie de la saga.

Ragnar se convierte en rey

Había una vez un rey llamado Sigurd Ring. Tenía una bella esposa llamada Alfhild y juntos tuvieron un hijo llamado Ragnar. Ragnar se convirtió en un joven apuesto, fuerte y bien formado en su cuerpo.

Cuando Ragnar tenía quince años, su madre murió. Después de un período de luto apropiado, Sigurd comenzó a buscar una nueva esposa. Puso su corazón en Alfsol, la hija del rey de Jutlandia. Sigurd envió mensajeros a Jutlandia para pedir la mano de Alfsol. Cuando el padre de Alfsol escuchó el mensaje, se burló. Le dijo al mensajero:

—Lleva esta respuesta a tu señor. Dile: «Sigurd Ring puede ser un gran rey, pero ya está muy viejo. Mi hija es digna de un mejor marido, no uno que probablemente si no muere en su noche de bodas, lo hará poco después.»

Cuando Sigurd escuchó la respuesta del rey de Jutlandia, se puso furioso.

—¿De manera que soy un hombre viejo, con un pie en la tumba? El grosero que ocupa el trono de Jutlandia se arrepentirá de haberme contestado así. Haré que se trague estas palabras a punta de lanza y me casaré con su hija, lo quiera o no.

Sigurd formó su ejército y marchó a Jutlandia. Los habitantes de Jutlandia lucharon bien y con valentía, pero no pudieron hacer frente a los hombres de Sigurd. Pronto quedó claro que Sigurd sería el vencedor y en vez de permitirle que se llevara a Alfsol por la fuerza, su padre le dio una copa de veneno para que bebiera, y así murió.

Después de la batalla, el cuerpo de Alfsol fue encontrado por los hombres de Sigurd. Lo llevaron cuidadosamente a su rey, quien comenzó a llorar y a lamentarse cuando vio que la bella joven estaba muerta y que había muerto envenenada.

—Tomen mi mejor barco y construyan sobre él una pira —dijo Sigurd—. Le daré a Alfsol un buen funeral, uno digno de una reina, aunque no haya vivido para serlo.

Arrastraron el barco a la orilla y colocaron el cuerpo de Alfsol sobre la pira como si hubiera sido una reina. Sigurd estaba de pie junto al barco mientras la pira se encendía. Cuando se cortó la línea de amarre y el barco empezó a alejarse con la marea, Sigurd subió a bordo y se quedó en la proa.

—Si Alfsol no puede unirse a mí como mi esposa en esta vida, ¡yo me uniré a ella en la muerte! —gritó Sigurd mientras desenvainaba su espada—. Mi hijo Ragnar es un hombre valiente y digno. ¡Tómenlo ahora como su rey!

Entonces Sigurd tomó la espada y se la clavó en el pecho. Cayó en las llamas y así su cuerpo se quemó junto con el de Alfsol.

Y así fue como Ragnar se convirtió en rey, a pesar de que solo tenía quince años. Los hombres de su reino aprendieron rápidamente a respetarlo, ya que su juicio era acertado y nadie podía igualarlo en la batalla. Ragnar lideró a sus hombres en muchas incursiones y batallas, y siempre regresaban victoriosos, con las bodegas de sus barcos llenos de botín. El mismo Ragnar escapó de todas las luchas sin siquiera un rasguño, porque su madre le había tejido una camisa mágica que lo mantenía a salvo de todo peligro.

Una de las muchas expediciones de Ragnar lo llevó a Noruega. Cuando las batallas y las incursiones terminaron, él y sus hombres encontraron un lugar protegido para varar sus barcos. Estaban cansados y querían descansar antes de navegar hacia sus hogares. Establecieron un campamento y pasaron la noche en la playa.

Por la mañana, Ragnar deseaba estar solo. Tomó su espada y caminó por el bosque y por una de las muchas colinas que rodeaban la playa. El cielo estaba despejado, el sol brillaba y Ragnar se deleitaba con la belleza del día.

Cuando llegó a la cima de una de las colinas, Ragnar decidió sentarse en la hierba y disfrutar de la pacífica mañana. Mientras miraba hacia el campo, vio dos ejércitos marchando el uno hacia el otro. Los ejércitos se encontraron y se enfrentaron, y pronto todo empezó a ir muy mal para uno de los bandos. Ragnar observó más de cerca y percibió que el ejército perdedor no estaba dirigido por un hombre sino por una mujer que mostraba tal habilidad con sus armas que nadie podía enfrentarse a ella. Sin embargo, ella sola no podía conquistar a un ejército entero y cuando sus guerreros cayeron uno por uno bajo las espadas de sus enemigos, se encontró casi rodeada y en apuros.

Ragnar sacó su espada y corrió en su ayuda. Luchó con tanta fiereza y fuerza que pronto él y la mujer que estaba entre ellos hicieron huir al otro ejército. Una vez que la batalla terminó, la mujer se le acercó a Ragnar y le dijo:

—Te agradezco tu ayuda. Si no fuera por ti, seguramente yacería muerta en el campo junto a tantos hombres valientes. Mi nombre es Ladgerda y soy la dueña de las tierras de aquí. ¿Puedo saber tu nombre para poder agradecerte como es debido?

—Soy Ragnar, hijo de Sigurd Ring y un rey entre mi propio pueblo —dijo Ragnar—. Mis hombres y yo varamos nuestros barcos cerca de aquí. Fue un placer poder acudir en tu ayuda. Nunca he visto a una escudera luchar con tanta fuerza y habilidad.

—Regresa conmigo a mi fortaleza —dijo Ladgerda— y tráete a tus hombres contigo. Serán mis invitados en mi fiesta de la victoria.

Esa noche, Ragnar y sus hombres bebieron y se dieron un festín con Ladgerda. Al final de la noche, Ragnar se había enamorado de Ladgerda, a quien encontró inteligente y respetada por su gente. Ragnar le propuso matrimonio y Ladgerda aceptó con la condición de que se quedaran en su reino:

—No quiero ser una simple consorte, contenta con servir a su esposo noble. Aquí mando yo y aquí me quedaré.

Ragnar aceptó las condiciones de Ladgerda y pasaron tres felices años juntos como marido y mujer. Al final del tercer año, Ragnar se encontró con que se estaba volviendo inquieto. Anhelaba los viajes por el mar y las aventuras que llevaban a la batalla y al saqueo en lugares lejanos.

Un día, un mensajero llegó a Ragnar con la noticia de que su reino estaba en peligro. Ragnar pidió su armadura y sus armas, e hizo que se preparara un barco. Entonces fue a Ladgerda y le dijo:

—Tengo que volver a mi país. He estado fuera demasiado tiempo y ahora mi reino probablemente caiga. ¡Ven conmigo! Tu habilidad en la batalla es inigualable y te agradecería tu ayuda.

—Cuando nos casamos, te dije que era con la condición de que te quedaras aquí —dijo Ladgerda—. No dejaré el trono de mi tierra para convertirme en una criada en la tuya. Debes elegir. O te quedas aquí como mi esposo o nos separamos para siempre.

—Entonces debemos separarnos —dijo Ragnar— porque no puedo abandonar a mi gente. Adiós y que la buena fortuna te acompañe.

Y así fue como Ragnar y Ladgerda se separaron, para no volver a verse nunca más en este mundo.

Ragnar y el dragón

Había una vez un conde de Gautlandia llamado Herrud, que tenía una hermosa hija llamada Thora. Herrud adoraba a su hija. Le dio a Thora su propia casa para vivir y rara vez pasaba un día sin que el conde le diera a Thora algún regalo. Un día, Herrud le trajo a su hija lo que parecía una pequeña serpiente de jardín, que le había dado un comerciante de una tierra lejana. La joven se deleitó con la criatura y la convirtió en su mascota. Pero sin que Thora y su padre lo supieran, la serpiente no era una serpiente común: se trataba de un bebé dragón. La serpiente continuó creciendo hasta que finalmente llegó a ser tan grande que ya no cabía en la casa de Thora. Se envolvió alrededor de la casa y, debido a su gran amor por Thora, no permitió que nadie cruzara el umbral excepto el hombre que la alimentaba con un buey entero cada día y que le traía comida y bebida y otras cosas necesarias a la joven.

—Esto no puede seguir así —dijo el conde—. Mi hija está prisionera en su propia casa y no hay ningún guerrero de entre mi gente que sea capaz de matar a esa terrible bestia. Envíen mensajeros a todas las tierras. Díganles que quien mate a ese dragón tendrá la mano de mi hija en matrimonio, además de una gran cantidad de oro.

El conde envió a los mensajes con esta noticia por todos los reinos y pronto uno de ellos llegó a la corte de Ragnar. El mensajero obtuvo una audiencia con Ragnar, donde le explicó su misión al joven rey.

—Vengo en nombre del conde de Gautlandia —dijo el mensajero—. Él anda en busca de un héroe que mate al dragón que mantiene a su hija prisionera en su propia casa. El dragón es grande y temible. Sus colmillos vierten veneno y su sangre envenena todo aquello que toca. No hay nadie en todo Gautlandia que haya demostrado ser lo suficientemente valiente como para enfrentarse a la bestia, así que el conde promete la mano de su hija en matrimonio, además de mucho oro, a quien pueda matar al monstruo y salir vivo de la batalla.

—Cuéntame más sobre la hija del conde —dijo Ragnar—. ¿Qué clase de mujer es?

—Es la criatura más bella de la tierra —dijo el mensajero—. La vi una vez con mis propios ojos a través de una ventana de su casa. Tiene un rostro hermoso y un cuerpo bello, y su pelo es dorado y suave como la seda. Cualquier hombre estaría orgulloso de llamarla su esposa y sin duda muchos héroes ya habrían luchado a muerte por el honor de su mano si no fuera por la intromisión del dragón.

Ragnar agradeció al mensajero y ordenó a que se le diera comida, bebida y un lugar para descansar antes de seguir su camino. Entonces Ragnar comenzó a pensar en cómo podría ganarse la mano de Thora. Era muy joven, pero era rey y sabía que todos los reyes necesitaban una reina. Y seguramente no había una reina más digna en el mundo que la hija del conde Herrud. Además, Ragnar tenía un espíritu aventurero y nada le tentaba tanto como la oportunidad de poner a prueba su valor contra un dragón adulto con colmillos venenosos y sangre venenosa. ¿Pero cómo podía matar a la bestia sin envenenarse?

Finalmente, Ragnar encontró la solución. Pidió que se le hicieran unas calzas y una capa de piel de cabra peluda. Cuando las prendas estuvieron listas, Ragnar las empapó en brea. Tan pronto como la brea se secó, Ragnar navegó hacia Gautlandia y llevó su mejor lanza. Dejó su barco en un lugar protegido que nadie podía visitar, bajó a tierra en secreto y, vestido con sus extrañas y peludas ropas, se arrastró silenciosamente hasta la casa de Thora, donde el dragón yacía durmiendo envuelto alrededor de las paredes.

Antes de que el dragón pudiera despertarse para pelear, Ragnar le clavó su lanza y luego la sacó de nuevo. El dragón gritó y fue a atacar, pero Ragnar fue demasiado rápido. Ragnar volvió a clavar su lanza y esta vez la punta golpeó el hueso. Ragnar tiró del mango de la lanza, pero el mango se rompió y la punta quedó incrustada en el cuerpo del dragón. Mientras el dragón luchaba y chillaba en su agonía, parte de su sangre salpicó a Ragnar, pero él no sufrió ningún daño porque estaba bien protegido por sus extrañas y peludas ropas. Desde ese día, se le conoció como *Lodbrok*, que significa *calzas peludas*.

Thora miró por la ventana justo cuando Ragnar se estaba alejando. Vio que el dragón estaba muerto y supuso con razón que el hombre que estaba fuera era el que lo había matado. Thora salió de su casa y llamó a Ragnar.

—¿Eres tú el que mató al dragón? Por favor, acepta mi agradecimiento —dijo.

Ragnar se giró y mientras lo hacía, Thora se dio cuenta de lo alto y lo ancho que era, y de lo fuerte y lo apuesto que era.

—Sí, fui yo quien mató a la bestia —dijo Ragnar.

—¿Quién eres? —preguntó Thora—. Dime tu nombre.

Ragnar habló en este verso como respuesta:

Tu héroe soy yo, bella dama,

Dieciocho inviernos llevo caminando por la tierra.[lxxvii]
Aunque sea joven, soy valiente y cumplo promesas
Para derribar al pez de tierra,[lxxviii]
La temible bestia que te acosa
Con la fuerza y la lanza
He vencido al vil gusano
Llevando a casa el corazón
Del salmón del brezo.[lxxix]

Entonces Ragnar se dio la vuelta y se alejó.

Por la mañana, Thora le dijo a su padre que el dragón estaba muerto y llevó al conde a ver sus restos. El conde vio el extremo del mango de la lanza que sobresalía de la piel de la bestia. Ordenó que se quitara la punta de la lanza. Se necesitaron tres hombres fuertes para sacarla y, cuando finalmente la tuvieron en sus manos, los tres apenas podían levantarla, incluso cuando lo intentaron juntos. El Conde se maravilló de esto y le preguntó a Thora:

—¿Quién es este hombre? Seguramente es un gran héroe para empuñar un arma tan poderosa. Merece nuestro agradecimiento y le he prometido tu mano en matrimonio.

—No sé quién es, padre —dijo la joven—. Le pregunté su nombre, pero respondió con un acertijo y luego se fue sin decir nada más. Todo lo que sé de él es que tiene dieciocho inviernos, que iba muy mal vestido y que mató al dragón.

El Conde decidió entonces que se celebrara una importante reunión en su corte para averiguar quién era el libertador de su hija. Envió mensajeros por todas las tierras, diciendo a los campeones que se reunieran y dijeran si eran ellos los que habían matado al dragón o no, y que trajeran pruebas de que ellos mismos habían realizado la acción, si es que la habían realizado.

El día de la reunión, Ragnar llegó a la corte del conde junto con los hombres de su barco. Trajo consigo el mango de lanza rota, pero no llevaba su ropa peluda, porque no quería que la hija del conde lo viera y lo identificara así.

Cuando todos los hombres se reunieron en el salón, el conde les agradeció su presencia y les explicó lo que había que hacer:

—El dragón que asediaba mi hogar ha sido asesinado por una poderosa lanza. La punta y parte del mango quedaron clavadas en el cuerpo de la bestia. Les iré acercando la punta a cada uno de ustedes para que digan si es suya o no. Si la reclaman, prepárense para probarlo al presentar el mango de la lanza. Quienquiera que haya realizado esta acción tendrá la mano de mi hija en matrimonio, además de mucho oro, según lo prometido.

Entonces el conde mostró la punta de la lanza a cada hombre por turnos. Todos negaron que fuera suya, aunque deseaban decir que sí lo era y así tener la hija del conde en matrimonio, ya que era muy hermosa.

Finalmente, la punta de la lanza se le mostró a Ragnar.

—Es mía —dijo Ragnar—. Con esa lanza, maté al dragón.

—Demuéstralo —dijo el conde—, y si mientes, que sepas que la cosa te va a salir mal.

Ragnar sacó el mango de la lanza rota y la otra pieza encajó en él. Era obvio que este era el hombre que había matado al dragón. El Conde anunció un gran festín para celebrar la muerte de la bestia, el coraje y la fuerza de Ragnar, y el matrimonio de su hija con un héroe tan magnífico. En la fiesta, Ragnar tomó a Thora como su esposa y, cuando la fiesta terminó, la llevó a su propio país, donde vivieron felices juntos durante muchos años. Thora le dio a Ragnar dos hijos llamados Erik y Agnar. Ellos se convirtieron en buenos jóvenes, ambos altos, guapos y fuertes. Nadie podía superarlos, ni en la batalla ni en las competiciones deportivas.

Llegó el día en el que Thora cayó gravemente enferma. En unos pocos días, estaba muerta. Ragnar la lloró mucho y su dolor era tan profundo que no pudo soportar quedarse en el país donde su amada esposa había muerto. Ragnar entregó el gobierno de su reino a sus hijos y consejeros para luego embarcarse y comenzar una vida de aventuras e incursiones una vez más.

Aslaug

El magnífico héroe Sigfrido, que mató al dragón Fafner, tenía una hija llamada Aslaug con la valquiria llamada Brunilda. En la corte de Sigfrido, había un rey exiliado llamado Heimir, que se había casado con la hermana de Brunilda. Heimir era un poeta y un arpista dotado, por lo que se había convertido en el escaldo de Sigfrido. Heimir era el padre adoptivo de Aslaug, como lo había sido de su madre antes que de ella, y cuidaba a la pequeña Aslaug desde que era una bebé.

Cuando Aslaug tenía tres años, sus padres murieron. El padre de Aslaug fue asesinado en la corte del rey Gebica, donde entonces vivía, y su madre murió por su propia mano afligida por la muerte de Sigfrido. Al saber que Aslaug estaba en peligro a causa de los enemigos de Sigfrido, Heimir huyó con ella. Fabricó un arpa grande y escondió a la niña dentro de ella para que pudiera ir de un lugar a otro sin que nadie hiciera preguntas, ya que un escaldo que viajaba con su arpa no generaba nada de curiosidad.

Después de un largo viaje, Heimir y Aslaug llegaron a Noruega a un lugar llamado Spangarheith, donde se encontraba una granja solitaria. En la granja vivía un anciano llamado Aki y su esposa, una anciana llamada Grima. Heimir fue a la granja y llamó a la puerta. Cuando Grima respondió, dijo:

—¿Qué es lo que quieren? Si están buscando a mi marido, no está aquí, pero volverá pronto.

—No busco nada más que un fuego para calentarme y un lugar para dormir esta noche —contestó Heimir— y si pudiera darle también una corteza de pan a un escaldo errante, le estaría muy agradecido.

—Ya se ha encendido un fuego en mi hogar y puede dormir en nuestro granero si quiere —dijo la mujer—. Tengo un poco de pan que horneé ayer y lo puede comer.

Heimir le agradeció a la mujer y fue a sentarse junto al fuego. Dejó su arpa y empezó a calentarse mientras la mujer volvía a su trabajo.

Ahora bien, cuando Heimir dejó la corte de Sigfrido con la pequeña Aslaug, también guardó en el arpa una cantidad de oro y algunos de los finos vestidos de la muchacha, ya que ella necesitaría las dos cosas cuando finalmente llegaran a un lugar seguro. Él mismo se había vestido con ropas pobres, como le corresponde a un escaldo errante, pero se había olvidado de quitarse el anillo señorial que llevaba en un dedo. La anciana vio un destello de oro cuando Heimir extendió sus manos hacia el fuego y, cuando examinó su arpa más de cerca, vio un trozo de tela fina asomando de la costura de la puerta que encerraba a Aslaug y sus pertenencias. Esto hizo que la anciana pensara en cómo podría quitarle al desconocido su oro y sus telas finas, pero no le mencionó a Heimir nada de lo que había visto.

Después, la anciana le mostró a Heimir el lugar donde iba a dormir esa noche y luego regresó a su casa. No mucho más tarde, su marido regresó a casa y se enfadó al ver que su cena aún no estaba lista, ya que Grima había estado ocupándose de su visitante en lugar de preparar la cena.

—No te enfades, esposo —dijo Grima—. Hoy he visto algo que seguramente nos traerá la fortuna que siempre nos había faltado. Un escaldo errante llegó a la puerta hoy, pidiendo calor y refugio. Le dejé sentarse junto al fuego. Pero este no es un escaldo común y corriente. Tiene ropa fina guardada en su arpa y lleva un anillo de oro en su dedo.

—¿Sí? —dijo Aki—. ¿Y eso a nosotros qué nos importa?

—Viejo estúpido, ¿no lo ves? —respondió Grima—. ¡Esta es nuestra oportunidad! Si matamos al escaldo, podremos quedarnos con su oro y con sus finas ropas y tal vez incluso vender el arpa. ¡Nunca más nos faltará nada!

—Esta es una cosa malvada que estás planeando, Grima —dijo Aki—. El escaldo es un invitado en nuestra casa. Es algo verdaderamente vergonzoso asesinar a un huésped y después robarle. Yo no me haré partícipe en ello.

—Muy bien —respondió la anciana—. No me ayudes entonces. Te pondré de patitas en la calle como a un viejo perro abandonado y me casaré con el escaldo. O también podríamos matarte entre los dos. El resultado sería el mismo en cualquier caso. Tengo la intención de vivir bien y cómodamente, incluso si tú no lo quieres.

Después de una larga pelea, la anciana finalmente convenció a su marido para que la ayudara a matar a Heimir y robar todas sus posesiones. Aki tomó su hacha y entonces él y Grima se arrastraron silenciosamente al granero donde Heimir yacía profundamente dormido con su arpa a su lado. Aslaug permanecía escondida dentro, ya que Heimir no estaba seguro de su seguridad incluso entre esta gente pobre.

Grima tomó el arpa y la trajo de vuelta a la casa de campo, mientras que Aki tomó su hacha y golpeó a Heimir con un gran golpe en la cabeza, que lo mató al instante. Entonces Aki volvió a la cabaña, donde encontró a su esposa intentando abrir el arpa. Estaba teniendo grandes dificultades, porque Heimir había hecho construir el arpa con un cierre secreto que solo él sabía abrir. Finalmente, Grima se frustró tanto que tomó el hacha de Aki y rompió el arpa. ¡Imagine la sorpresa de la pareja de ancianos cuando encontraron no solo oro y finas vestimentas sino también una hermosa joven con el pelo dorado escondida en su interior!

—Bueno, esto es un gran giro de los acontecimientos —dijo Aki—. ¿Qué vamos a hacer ahora? ¿Crees que deberíamos matar a la niña también? Quiero que sepas que no le haré ningún daño a esta niña, no importa cuánto me lo pidas.

—No, no la mataremos —dijo Grima—. Nos quedaremos con ella. Nos vendría bien otro par de manos en la granja. Simplemente diremos que es nuestra hija.

Aki se rió a carcajadas de esto.

—¿Pero tú te has mirado a ti misma, mujer? ¿Me has mirado a mí? Los dos somos viejos, encorvados y feos, y esta niña es la niña más bella que he visto. Seguramente sus padres fueron ambos gente noble. ¿Quién nos va a creer?

—Eso no importa. La camuflaremos. La vestiremos con harapos, le cortaremos el pelo, la untaremos con cenizas y barro, y se parecerá lo suficiente a la hija de un campesino para pasar por la nuestra. Y no es que tengamos muchas visitas aquí.

Entonces Grima se volvió hacia la niña y le preguntó:

—¿Cómo te llamas, niña?

Pero Aslaug estaba demasiado asustada para responder. La pareja de ancianos la aterrorizaba y ella se preguntaba dónde se había ido su querido Heimir.

Y así fue como Aki y Grima adoptaron a Aslaug y la criaron como si fuera su propia hija. Como Aslaug no podía o no quería decir su nombre a la pareja de ancianos, la mujer decidió llamarla Kraka, que significa «cuervo», en honor a su madre, que también llevaba ese nombre. Aslaug permaneció con Grima y Aki, y se convirtió en una joven adorable. Conservó su hábito de silencio y rara vez hablaba, incluso con sus padres adoptivos. Aun así, era inteligente, astuta y su belleza se correspondía con su ingenio. Aslaug vivió con la pareja de ancianos y trabajó para ellos como una esclava, ya que no tenía otra opción, pero nunca olvidó su familia, ni cómo su padre adoptivo había muerto.

Ragnar y Aslaug

Aslaug, que ahora se llamaba Kraka, tenía dieciséis años cuando Ragnar Lodbrok volvió al mar con sus compañeros. Hicieron incursiones a lo largo y a lo ancho, y después de una de esas incursiones, vararon sus barcos cerca de Spangarheith, donde vivían Grima, Aki y su hija adoptiva. Ragnar dijo a sus cocineros que tomaran una medida de harina y otras cosas necesarias para hornear el pan y que fueran a buscar un posadero o un panadero dispuesto a ayudarles. Los cocineros hicieron lo que Ragnar les pidió y, cuando todo estuvo listo, fueron a buscar a alguien que les ayudara a hornear el pan. Muy pronto, llegaron a la granja de Grima y Aki. Llamaron a la puerta y Grima respondió.

—¿Qué es lo que quieren? —preguntó.

—Somos los compañeros de Ragnar Lodbrok —respondieron—. Varamos nuestros barcos no muy lejos de aquí. Hemos venido a pedir ayuda para hacer el pan. Ahora que le hemos dicho quiénes somos díganos, ¿cómo se llama usted?

—Mi nombre es Grima y les ayudaría con gusto, pero mis manos están demasiado torcidas y rígidas para amasar el pan. Llamaré a mi hija y ella les ayudará.

Ahora bien, Kraka había estado en el campo cuidando del ganado cuando vio los barcos de Ragnar atracados en la orilla. Al pensar que algunos hombres podrían venir a la granja, fue a bañarse y a lavarse el pelo, cosas que Grima le había prohibido hacer para que ningún hombre se cruzara con ella y viera lo hermosa que era.

Kraka entró en la cabaña justo cuando los hombres empezaban a encender el fuego para hornear el pan. Cuando vieron a la muchacha, no podían creer lo que veían sus ojos. Nunca habían visto a una mujer tan hermosa en todos sus viajes.

—¿Esta joven es su hija? —preguntaron los hombres.

—Sí, lo es —contestó Grima.

—¿Cómo puede ser eso posible? Ella es la más bella de todas las mujeres y usted es horrible.

—El tiempo no me ha tratado bien —dijo Grima—. Deberían haberme visto en mis días de juventud.

Grima le pidió a Kraka que ayudara a hacer el pan. Kraka accedió, en silencio. Ayudó a hacer la masa y a amasarla. Cuando por fin se puso a hornear, los hombres estaban tan fascinados con Kraka que perdieron la noción del tiempo y el pan se quemó. Los cocineros volvieron a sus barcos con el pan quemado. Cuando la comida se sirvió más tarde, todos los hombres se quejaron de lo quemado que estaba el pan.

—¿Qué ha pasado? Sois unos cocineros muy hábiles. Nunca antes habíais quemado el pan de esta manera —preguntó Ragnar.

—No, nunca habíamos quemado el pan así antes —dijo el cocinero principal—, pero tampoco habíamos visto a una chica tan hermosa antes.

—Explicadme esto —pidió Ragnar.

—Bueno —dijo el cocinero más joven—, encontramos una granja y pedimos ayuda para hornear el pan, como nos pediste y la anciana que vivía allí hizo que su hija nos ayudara. Te juro que nunca había visto a una mujer más hermosa en todos mis días. Era tan fascinante que mantuvimos la mirada fija en ella y, al hacerlo, quemamos el pan.

Ragnar se burló:

—Ninguna mujer es así de hermosa. Vamos, explicadme qué pasó realmente.

Pero los cocineros no cambiaron su historia. Finalmente, Ragnar dijo:

—Muy bien, si ella es tan hermosa como lo decís, volved a la granja y pedidle que venga a visitarme aquí, porque ya es hora de que vuelva a casarme. Pero debéis darle el siguiente mensaje: «Ven a conocer a Ragnar Lodbrok, nuestro rey y capitán de los barcos, pero él manda que no vengas ni vestida ni desnuda, ni saciada ni hambrienta, ni que vengas sola, pero ningún hombre puede acompañarte».

Los cocineros volvieron a la granja, donde encontraron a Grima y a Kraka trabajando juntas dentro de la casa. Le dijeron a Kraka lo que

Ragnar había dicho que debía hacer. Cuando Grima escuchó el mensaje de Ragnar, se burló:

—¿A qué está jugando este hombre, al darle a mi hija esas ridículas instrucciones? Creo que este rey y capitán suyo, si realmente es ambas cosas, podría estar completamente loco.

—No, creo que hay un propósito razonable detrás de este mensaje, si tan solo pudiéramos descifrarlo —dijo Kraka y entonces se dirigió a los cocineros—: Agradeced a vuestro rey y capitán su invitación. Díganle que no puedo ir con ustedes ahora, pero que lo visitaré por la mañana.

Los cocineros volvieron a los barcos y dieron la respuesta de Kraka a Ragnar. Durante la noche, Kraka pensó mucho en el mensaje de Ragnar y en cómo podría hacer lo que él había pedido. Finalmente encontró una solución y se fue a dormir.

Por la mañana, Kraka fue a Aki y le dijo:

—Me gustaría pedir prestada tu red de truchas, por favor.

Aki pensó que era una petición extraña, pero le dio la red de todos modos. Kraka fue a su habitación y se quitó toda la ropa. Luego se envolvió la red como si fuera un vestido. Cuando terminó, fue a la cocina y dio un mordisco al puerro que estaba en la mesa.

—Ahora no estoy ni vestida ni desnuda, y no estoy ni saciada ni hambrienta.

Kraka se dirigió a Aki una vez más:

—Préstame tu viejo perro para que no vaya sola, pero sin ningún hombre que me acompañe.

Kraka fue a los barcos con el viejo perro trotando a su lado. Cuando llegó, se detuvo en la orilla y esperó. Desde su barco, Ragnar la vio y la llamó:

—¿Cuál es tu nombre, y qué es lo que haces aquí?

Kraka respondió:

Vine a la orden

De Ragnar, capitán y rey;

No me atreví a negar su llamada.

Observa cómo me encuentro aquí

Vestida y desnuda,

Envuelta en una red que cubre mi cuerpo,

Y con un buen amigo a mi lado,

Y que no estoy sola

Pero ningún hombre me acompaña.

Ragnar les dijo a dos de sus hombres que fueran a buscar a la joven y la trajeran al barco. Kraka les dijo a los mensajeros cuando llegaron:

—Con gusto iré a conocer a su capitán y rey, pero solo con la condición de que tanto yo como mi compañero tengamos garantizada la seguridad.

Los mensajeros prometieron proteger a Kraka y al perro, y la guiaron al barco. Pero cuando Ragnar fue a saludar a Kraka, el perro le mordió. Cuando los hombres de Ragnar vieron esto, se lanzaron sobre el perro y lo mataron.

Kraka se quedó a bordo por un tiempo, conversando con Ragnar. Ragnar vio que Kraka era tan sabia e inteligente como hermosa y deseaba tenerla como esposa. Ragnar le pidió que se quedara con él, pero Kraka le respondió que, si realmente tenía buen comportamiento, la dejaría ir en paz.

—¿Por qué no te quedas? —dijo Ragnar—. Estoy totalmente complacido contigo y te amo. Deseo que te quedes aquí conmigo esta noche y te conviertas en mi esposa.

—No me quedaré esta noche —dijo Kraka—. No me quedaré hasta que hayas hecho un viaje más y regreses a mí con la misma mentalidad que ahora. Porque es posible que una vez que te hayas ido, te olvides de mí y si me caso contigo, me abandones.

A Ragnar le molestó que Kraka no se quedara con él. Intentó por última vez que se quedara al presentarle una camisa bellamente bordada que había pertenecido a su amada Thora, que llevaba consigo dondequiera que iba en su memoria.

Al presentar la camisa, Ragnar dijo:

Toma esto ahora, doncella,

Un brillante regalo bien tejido

Que una vez adornó a mi amada Thora.

Cosida por su propia mano

¡Tenlo ahora para ti!

Toma este regalo de un rey y un capitán

La cosa más querida que puedo otorgar.

Kraka respondió:

Un regalo muy gentil.

Y gentilmente dado;

Pero no para la pobre doncella

Es la brillante camisa de Thora.

Más apropiada es la túnica gruesa

Ennegrecida con hollín.

De color del ala del cuervo[lxxx]

Esto es lo que Kraka debe llevar

Para el pastoreo de las bestias

En caminos altos y bajos.

El lino señorial no es adecuado

Para la hija de un pobre hombre.

Entonces Kraka dijo:

—Ahora me iré a casa y tú seguirás con tu misión. Y si, cuando regreses, todavía me deseas, envíame un mensaje y vendré.

Y así Kraka regresó a la casa de la pareja de ancianos y Ragnar navegó con el primer viento favorable. Después de diez meses, cuando el viaje de Ragnar terminó, volvió a Spangarheith y envió a sus hombres a buscar a Kraka, ya que aún la deseaba para su esposa. Kraka aceptó ir a Ragnar, pero no hasta la mañana siguiente.

Kraka se levantó muy temprano. Fue a ver a la pareja de ancianos y les preguntó si estaban despiertos. Cuando dijeron que lo estaban, Kraka dijo:

—Me voy y nunca volveré. Escuchen ahora, porque tengo algo que decirles: Sé que ustedes mataron a Heimir, a mi padre adoptivo. Sé que robaron el oro y las finas prendas que él había escondido, cosas que eran legítimamente mías. Me han dado un techo y ropa para cubrir mi cuerpo y a pesar de que no han sido amables, no me han hecho ningún daño. Por lo tanto, no buscaré justicia por lo que han hecho. Pero sí les deseo una cosa: que el resto de sus días sean malos y cada uno de ellos sea peor que el anterior.

Y así fue como Kraka regresó al barco de Ragnar, donde se le dio una justa bienvenida. Ragnar navegó con Kraka y sus hombres de vuelta a su tierra natal, donde se preparó un gran banquete de bodas. En el banquete, Ragnar se casó con Kraka, la tomó como su reina y vivieron muchos años felices juntos. Kraka le dio a Ragnar cuatro buenos hijos llamados Ivar el Deshuesado, Björn Costado de Hierro, Hvitserk y Ragnvald. Ivar fue llamado «el Deshuesado» porque sus huesos eran suaves y no se unían correctamente.[lxxxi] Él no podía caminar y era necesario llevarlo a todas partes en una camilla. Lo que le faltaba de fuerza física lo compensaba con su sabiduría y astucia, por lo que sus hermanos y hermanastros confiaban en su buen consejo. A Björn se le llamaba «Costado de Hierro» porque su piel era tan dura que ningún arma podía penetrarla. Ragnvald murió joven, muerto en batalla en un ataque a Whitby que Ivar había planeado.

La disputa con el rey Eystein

Llegó un momento en que Ragnar fue a visitar al rey Eystein en Upsala. Ragnar y Eystein eran viejos amigos y aliados, así que hubo mucha alegría cuando se encontraron en la corte de Eystein. Eystein tenía una hermosa hija llamada Ingeborg, que aún no había sido prometida a ningún hombre. Ahora bien, los consejeros de Ragnar se habían enfadado durante mucho tiempo porque su reina era hija de campesinos y cuando vieron lo hermosa que era Ingeborg, empezaron a hablar en contra de Kraka con la esperanza de que Ragnar se divorciara de ella y se casara con Ingeborg en su lugar.

Ragnar se había dado cuenta de la belleza de Ingeborg y se dejó llevar por los argumentos de sus asesores. Eystein también deseaba que su hija se casara con Ragnar. Cuando llegó el momento de volver a casa, Ragnar dejó Upsala y prometió divorciarse de Kraka y casarse con Ingeborg.

Mientras Kraka esperaba en casa el regreso de su marido, se sentó en el patio bajo un árbol para trabajar en un bordado. Mientras trabajaba, tres pájaros vinieron y se sentaron en las ramas del árbol. Los pájaros entonces cantaron esta canción:

Ahora eres reina y señora,

Hasta que el rey y el capitán rompa su voto

Y coloque a la nueva novia en el trono.

Su corazón hacia ti se vuelve piedra ahora.

Y así fue como Kraka se enteró del plan de Ragnar a divorciarse de ella y casarse con otra en su lugar.[lxxxii]

Cuando Ragnar regresó a casa, Kraka fingió que no sabía nada de sus intenciones. Le saludó con alegría como siempre lo hacía, preguntándole cómo le había ido la visita y cómo se encontraban sus amigos. En ese momento, Ragnar empezó a sentir que se había comportado de manera grosera al aceptar casarse con Ingeborg y dejar a Kraka a un lado y, debido a su vergüenza, fue muy brusco en sus respuestas. Esto solo sirvió para confirmar a Kraka lo que los pájaros le habían dicho. Finalmente, Kraka decidió revelar lo que sabía.

—¿Por qué quieres divorciarte de mí y casarte con otra? —preguntó Kraka.

—¿Quién te dijo eso? —preguntó Ragnar, ya que solo él y sus asesores más cercanos conocían este plan, y acababan de regresar a casa.

—Hay tres pájaros que son amistosos conmigo. Cuando sales de viaje, los envío a seguirte para que me traigan noticias. Mientras estaba sentada en el patio con mi bordado, vinieron volando y me cantaron que deseas tener a otra mujer en mi lugar. ¿Por qué quieres hacer eso? ¿Qué mal te he hecho para que desees dejarme?

—No has hecho ningún mal, pero tu humilde nacimiento pesa en tu contra —dijo Ragnar—. Mis consejeros se sienten inquietos por tener a una campesina como reina.

—Entonces, diles a tus consejeros que están muy equivocados y que ninguna campesina ocupa el trono sino la hija de Sigfrido Fafnirsbane y la valquiria Brunilda —dijo Kraka.[lxxxiii] Me encontraste viviendo entre campesinos, pero esa gente no son mis padres. Cuando era muy pequeña, mi padre adoptivo, el rey Heimir, me alejó de la corte de mi padre para mantenerme a salvo de los hombres que habían matado a mi padre. Heimir me escondió dentro de su arpa, junto con algunos objetos de valor y se puso en marcha para buscar un lugar donde pudiéramos vivir en paz. Un día llegamos a la granja de Grima y Aki, donde Heimir pidió refugio. Grima y Aki mataron a mi padre adoptivo por el oro y las finas prendas que llevaba en su arpa. Cuando abrieron el arpa para sacar las cosas de valor, también me encontraron allí. Los ancianos me adoptaron y me mantuvieron como si fuera su hija, pero no soy de su sangre. Soy hija de los volsungos, digna de ser tu reina. Mi verdadero nombre es Aslaug.

—Es una historia asombrosa, eso sí —dijo Ragnar—, pero ¿qué pruebas tienes de que esto sea cierto? Pruebas que debo tener para convencer a mis consejeros y para romper mi compromiso con Ingeborg, la hija del rey Eystein.

—Dos cosas que Grima y Aki me permitieron conservar cuando me encontraron —dijo Aslaug—. Una de ellas es el anillo de bodas de mi madre. La otra es una carta que mi madre me escribió antes de morir. Además, estoy embarazada de nuevo. Cuando el niño nazca, será un varón y tendrá la imagen de una serpiente en uno de sus ojos como muestra de su relación con mi padre, que mató al gran dragón Fafner.

Aslaug entonces presentó el anillo y la carta, y cuando llegó el momento de dar a luz a su hijo, dio a luz a un niño que tenía la imagen de una serpiente en un ojo. Al niño se le llamó Sigurd Serpiente en el Ojo en honor a su abuelo y por la marca en su ojo.

Ragnar vio todas estas pruebas y le pidió perdón a Aslaug. Luego envió un mensaje a Eystein para que rompiera su compromiso con Ingeborg. Y así fue como Ragnar y Eystein, que habían sido amigos de antaño, se convirtieron en enemigos jurados. Esta enemistad demostraría ser la ruina de Agnar y Erik, los hijos de Ragnar por su primera esposa, Thora.

Cuando Ragnar rompió su promesa de casarse con Ingeborg, Eystein juró venganza. Eystein convocó a su ejército con la intención de marchar a Dinamarca y tomar la fortaleza de Ragnar. Tan pronto como se supo lo que Eystein se proponía hacer, Ragnar reunió a sus hombres y se preparó para ir a la guerra, pero Agnar y Erik pidieron que se les enviara al frente del ejército en lugar de a Ragnar.

—Somos hombres hechos y derechos, padre —dijo Agnar—. Danos el honor de liderar tu ejército en la batalla. No nos falta nada de fuerza o habilidad y solo queremos volver victoriosos como tú lo has hecho muchas veces.

Ragnar dio a sus hijos su bendición. Agnar y Erik salieron con el ejército de Ragnar, y pronto se encontraron con Eystein y sus guerreros que se dirigían hacia Dinamarca. Hubo una gran y feroz batalla. Agnar y Erik se defendieron bien y mataron a muchos, pero su ejército fue desorganizado por una vaca encantada que Eystein soltó en medio de ellos. Pronto todo estaba perdido, porque no solo la vaca había confundido al ejército de Ragnar, sino que también se vieron abrumados por un mayor número de guerreros del ejército de Eystein.

Cuando la batalla finalmente terminó, Agnar yacía muerto en el campo, mientras que Erik y gran parte del ejército de Ragnar fueron capturados por Eystein.

—Eres un guerrero audaz y hábil —le dijo Eystein a Erik—. Quiero que haya paz entre nosotros. Toma a mi hija como esposa y puedes quedarte aquí en mi país. Grandes riquezas serán tuyas.

—No puede haber paz entre nosotros —dijo Erik—. Mataste a mi hermano; vi su cuerpo en el campo. Quédate con tu hija y con tus riquezas. Todo lo que pido es que se les permita a los hombres de mi padre regresar a casa sin peligro y que se plante un nido de lanzas en el suelo para mí, para que pueda unirme a mi hermano en la muerte.

Eystein vio que a Erik no se le podía influenciar, así que ordenó que a los guerreros de Ragnar se les permitiera viajar a casa sin ser molestados y que se hiciera un nido de lanzas con los ejes plantados en el suelo y las puntas hacia arriba. Cuando las lanzas fueron plantadas, Erik se quitó el anillo y se lo entregó a uno de sus hombres.

—Lleva este anillo a casa con mi madrastra —dijo— y cuéntale a ella y a mis hermanastros cómo murieron los hijos de Thora. Entonces Erik se arrojó sobre las puntas de las lanzas y así murió.

Cuando Ragnar se enteró de lo que había sucedido en Suecia, se enfureció por la derrota de su ejército, y más aún por la muerte de sus dos hijos mayores. Aslaug también lloró a Agnar y a Erik como si fueran suyos. Ivar y Björn fueron ante su padre y le pidieron su bendición para ir a Suecia y vengar la muerte de sus hermanastros. Ragnar les concedió gustosamente el permiso y así navegaron con el siguiente viento favorable, tras reunir un gran ejército de guerreros escogidos conocidos por su coraje y habilidad.

Cuando llegó el día de la batalla, Eystein volvió a soltar su vaca encantada entre las filas de los hombres de Ragnar. Una vez más el ejército se vio sumido en el desorden, pero Ivar no estaba consternado. Aunque Ivar no podía caminar, seguía siendo un arquero temible y en la batalla demostró tanto su habilidad como su frialdad. Mientras la vaca encantada se sumergía en la multitud y dispersaba a los guerreros de Ragnar, Ivar colocó una flecha en el arco, soltó un disparo mortal y mató a la vaca al instante. Una vez que el encantamiento de la vaca se disipó, los hombres de Ragnar se reunieron. Pronto los guerreros suecos se dieron a la fuga y Eystein fue asesinado mientras huía del campo. De este modo, los hijos de Thora y Ragnar Lodbrok quedaron vengados.

La muerte de Ragnar Lodbrok

Cuando la batalla con Eystein terminó, los hijos de Ragnar tomaron el barco y se fueron a incursionar. Navegaron hacia el sur, capturando y arrasando pueblo tras pueblo, ciudad tras ciudad. Finalmente llegaron a la costa central de Italia, donde pensaron en asaltar una ciudad llamada Luna. Encallaron sus barcos cerca de la ciudad y todos los habitantes se apresuraron a asegurar sus puertas y guarnecer sus muros a la espera de un asalto vikingo.

Ahora bien, el capitán de las naves vikingas era un hombre llamado Hastein, que era a la vez inteligente y hábil guerrero, en el que confiaban los hijos de Ragnar, además de ser el padre adoptivo de Sigurd Serpiente en el Ojo. Cuando los vikingos vieron que Luna estaba demasiado bien defendida para capturarla con un ataque directo, Hastein ideó un astuto plan. Se enviaron mensajeros a la ciudad con instrucciones de decir que los vikingos no tenían ninguna intención de atacar. Les dijeron a los líderes de la ciudad y de la iglesia que su capitán, un hombre llamado Hastein, había caído gravemente enfermo y deseaba bautizarse como cristiano antes de morir. Un sacerdote fue enviado a las naves vikingas para dar el sacramento a Hastein, que pretendía convertirse completamente y aceptar a Cristo como su dios.

Unos días después de la supuesta conversión de Hastein, los vikingos enviaron un mensaje a la ciudad diciendo que su capitán había muerto. Dijeron a los líderes de la ciudad que Hastein deseaba una misa de funeral con un entierro cristiano y que le había dejado toda su fortuna a la iglesia de Luna. El gobernador de la ciudad pensó que como los vikingos no habían mostrado todavía ningún deseo de atacar la ciudad, seguirían comportándose de forma pacífica, por lo que permitió a los vikingos llevar el ataúd de Hastein a las puertas de la ciudad y asistir a la misa del funeral.

El gobernador no sabía que Hastein estaba vivo dentro de su ataúd y que los vikingos no tenían ninguna intención de irse sin saquear la ciudad. De acuerdo con el plan de Hastein, los vikingos hicieron una gran procesión fúnebre hasta la iglesia, donde el ataúd de Hastein se colocó sobre un féretro. Pero cuando las puertas de la iglesia se cerraron y comenzó la misa, Hastein abrió de una patada el ataúd y salió disparado, con la espada desenvainada. Los otros vikingos sacaron las armas que habían escondido en sus ropas, y así mataron a todos los dignatarios de la ciudad. Después salieron corriendo de la iglesia para saquear e incendiar las casas.

Después del saqueo de Luna, los hijos de Ragnar arrasaron con muchos otros pueblos y ciudades. Pronto se supo de sus hazañas en la corte de Ragnar.

—Debo tomar el barco de nuevo —dijo Ragnar—. No permitiré que nadie diga que los hijos de Ragnar son más valientes que su padre.

Ahora bien, hace muchos años, Ragnar había invadido Inglaterra y realizado incursiones devastadoras por todo el país. Ragnar había exigido tributo al rey como precio por la paz, pero una vez que

Ragnar navegó a casa, el rey se negó a pagarlo. Ragnar consideró que una expedición para exigir el tributo sería una oportunidad de gloria que rivalizaría con la de sus hijos, así que hizo que se construyeran dos barcos, cada uno de ellos lo suficientemente grande como para llevar un gran ejército. Cuando Aslaug vio lo que Ragnar estaba haciendo, se preocupó por su incursión.

—Esposo —dijo—, ¿no sería mejor navegar con muchos barcos más pequeños en lugar de con dos grandes?

—Tal vez —respondió Ragnar—, pero ningún hombre ha conquistado Inglaterra con solo dos barcos y quiero ser el primero en hacerlo. ¡Piensa en las canciones que se cantarán! Mi fama será eterna.

Aslaug trató de convencer a su marido, pero Ragnar se mantuvo firme. Finalmente, Aslaug se dio cuenta de que era inútil discutir con él. Fue al cofre donde guardaba sus más queridos tesoros y de él tomó una camisa mágica que había tejido con su propio pelo y que se hizo sin ninguna costura.

—Puesto que no quieres cambiar de opinión, llévate esta camisa contigo —dijo Aslaug—. Llévala puesta durante la batalla. Te protegerá de todas las heridas y entonces tal vez puedas volver a casa junto a mí.

Cuando los barcos se prepararon, se aprovisionaron y se reunió el ejército, Ragnar navegó a Inglaterra, pero su viaje fue desafortunado desde el principio. Cuando los barcos de Ragnar se acercaron a la costa, estalló una gran tormenta y los barcos se hundieron en las rocas no muy lejos de la playa. Inquietos, Ragnar y sus hombres se dirigieron a tierra, donde comenzaron a atacar cada aldea y caserío que se interpuso en su camino.

La noticia de los ataques vikingos llegó al rey Aelle. Él reunió un gran ejército y salió a encontrarse con el ejército de Ragnar, con la intención de aplastarlo completamente antes de que pudiera hacer más daño. Los ingleses tenían un mejor ejército, así que la batalla se decidió rápidamente a favor de Aelle. La mayoría de los hombres de Ragnar fueron asesinados y el propio Ragnar quedó prisionero.

A Ragnar lo ataron y lo llevaron ante el rey.

—Dinos tu nombre y de dónde vienes —exigió Aelle—, pero Ragnar se negó a responder.

—Si no respondes —dijo Aelle—, te arrojaremos a un pozo lleno de serpientes venenosas. Te lo vuelvo a preguntar: ¿cómo te llamas y de dónde vienes?

Ragnar guardó silencio, así que Ella hizo lo que dijo que haría. A Ragnar se le cogió y se le arrojó a un pozo profundo en el que había muchas serpientes venenosas.[lxxxiv] Las serpientes intentaron picar a Ragnar, pero no pudieron perforar su piel debido a la camisa mágica que Aslaug le había dado. Cuando los ingleses se dieron cuenta de por qué Ragnar no se estaba muriendo, le quitaron la camisa y lo dejaron a su suerte.

Sin la camisa, las serpientes podían hundir sus colmillos en la carne de Ragnar. Pronto Ragnar sintió el veneno que recorría sus venas y supo que su muerte estaba muy cerca. Al morir, Ragnar cantó su canción de la muerte:

Cincuenta y una batallas luché.

Valientes, intimidantes, innumerables enemigos maté;

Mi espada con su sangre brilló

Y el dragón mi punta de lanza temió.

Ahora la muerte su golpe me da,

Perdición no traida por batalla, sino por gusano retorcido.

Ahora Valhalla espera, el paraíso del guerrero;

Las valquirias enviadas por Odín descienden para llevarme a casa.

Cómo se enfurecerán los hijos de Aslaug

Cuando descubran cómo su héroe padre encontró su destino.

Odín me llama ahora, con las jarras de cerveza rebosando en sus pasillos.

Al morir canto la canción de mis obras;
Me río mientras la vida se desvanece.

Cuando Aelle escuchó a Ragnar cantar a los hijos de Aslaug, se dio cuenta de quién era la persona que había sido arrojada a la fosa. Ordenó que se sacara a Ragnar a toda prisa, esperando que fuera posible salvarlo y así evitar la ira de sus hijos, pero era demasiado tarde. Ragnar ya estaba muerto cuando su cuerpo se sacó de la fosa. Así terminó la vida de Ragnar Lodbrok, rey, héroe y la ruina del dragón.

La venganza de los hijos de Ragnar

Ahora que Ragnar Lodbrok estaba muerto, Aelle envió mensajeros para informar a los hijos de Ragnar.

—Observad bien cómo cada uno de ellos se toma las noticias —dijo Aelle— y traedme esa información.

Los hijos de Ragnar habían llegado a casa de su propio viaje mientras su padre estaba en Inglaterra. El mensajero encontró a los jóvenes descansando en el gran salón de la fortaleza de Ragnar. Ivar ocupaba el trono de Ragnar, mientras Hvitserk y Sigurd jugaban al ajedrez. Björn también estaba allí, tallando el mango de una lanza para que se le pudiera colocar una punta.

Mientras el mensajero relataba la historia de la última batalla de Ragnar, de su muerte en el nido de serpientes y de su última canción, Ivar permanecía sentado frío e inmóvil en el trono, escuchando cada detalle y ocasionalmente haciendo preguntas al mensajero. El único signo de la angustia de Ivar era el cambio de color de sus mejillas, que pasaron de la palidez al enrojecimiento. Björn, sin embargo, agarró el mango de la lanza en sus manos y lo partió en dos. Hvitserk tomó una pieza de ajedrez y la apretó en su mano tan fuerte que la pieza se rompió, sus uñas se clavaron en la carne y su mano se llenó de sangre.

Sigurd, que se estaba cortando las uñas con un cuchillo, no prestó atención a lo que hacía con la hoja y se cortó el dedo hasta el hueso.

Cuando el mensajero terminó de contar la historia, Björn dijo:

—Derriba a este perro allí donde está. Ningún hombre que haya visto la muerte de Ragnar Lodbrok debe vivir.

—Quieto, Björn —dijo Ivar—. El mensajero llegó en paz, enviado por su rey. Ha cumplido con su deber y ahora le permitiremos regresar a casa en paz.

El mensajero dejó la corte de Ragnar y regresó a Inglaterra, donde le contó a Aelle todo lo que había pasado mientras entregaba su mensaje.

—Ivar es al que tenemos que temer —dijo Aelle una vez que lo escuchó todo—, aunque los otros seguramente son bastante peligrosos también. Pongan vigilancia en nuestra costa este e informen con rapidez si se avistan velas vikingas en el horizonte.

En la corte de Ragnar, los hermanos debatieron lo que se debía hacer.

—¡Tomemos un barco con cada hombre que pueda llevar armas y démosle a Aelle una lección que nunca olvidará! —dijo Hvitserk.

—¡Sí, en efecto! —dijo Björn—. ¡Debemos vengarnos y Aelle pagará con su sangre y con la de muchos otros!

—Sí, Aelle debe pagar por lo que ha hecho —dijo Ivar—, pero ¿por qué no pedirle un *wergeld* y acabar con esto de una vez?[lxxxv] A Ragnar se le dijo en el momento de su partida que irse con solo dos barcos era una locura y ahora ha sufrido el destino que se predijo. ¿Por qué deberían morir más hombres buenos por las malas decisiones de Ragnar?

—*Wergeld* es la venganza del cobarde —dijo Sigurd—. Estoy de acuerdo con Hvitserk y Björn. Tomemos el barco y zarpemos hacia Inglaterra tan pronto como sea posible.

Al final, los hermanos se embarcaron con todos los guerreros que pudieron reunir. Ivar fue con ellos, pero se negó a participar en la batalla. La batalla se decidió rápidamente a favor de Aelle, y Hvitserk, Björn y Sigurd fueron capturados.

Cuando Ivar se enteró del curso de la batalla y del destino de sus hermanos, fue ante Aelle para suplicar su liberación.

—En recompensa por la muerte de nuestro padre, permita que mis hermanos regresen a casa a salvo —dijo Ivar—, y también deme un pequeño *wergeld*: una cantidad de tierra que la piel de un buey pueda cubrir. Me quedaré aquí en Inglaterra y prometo no tomar armas contra ustedes mientras viva.

Aelle aceptó estas condiciones, ya que pensaba que el *wergeld* que Ivar pedía era tan peculiar y tan pequeño que resultaba ridículo, aunque él no se lo dijo en ese momento. Hvitserk, Björn y Sigurd volvieron a casa, mientras Ivar se quedó en Inglaterra. Ivar se quedó con el trozo de tierra que una piel de un buey podía cubrir, y cuando Ivar terminó de extender la piel, Aelle ya no se reía. El astuto Ivar tomó la piel de buey, la hizo suave y flexible, y luego la estiró al máximo. Cuando la piel estaba bien estirada, la cortó en tiras muy finas. Luego tomó las tiras y las cosió de punta a punta en un gran círculo. Ivar tomó el círculo de piel de buey y rodeó un gran terreno en el que construyó una fortaleza y fundó una ciudad llamada *Lundunaborg*.[lxxxvi]

Ivar gestionó bien sus asuntos, se hizo amigo de todos los nobles de las tierras de alrededor y les trataba incluso mejor que Aelle. Ivar también fingía estar en paz con Aelle y le trataba como un amigo y consejero. Pronto Aelle se había calmado e Ivar tenía muchos amigos bien situados que estaban listos para la rebelión. Ivar instó a los nobles ingleses a levantarse y arrebatar el trono a Aelle, ya que Ivar nunca había perdonado al rey por la muerte de Ragnar.

Cuando todo estaba listo, Ivar envió un mensaje a sus hermanos para reunir sus ejércitos y navegar hacia Inglaterra. Los hermanos llegaron con sus ejércitos y, con la ayuda de los amigos ingleses de

Ivar, emprendieron la lucha con Aelle. El ejército de Aelle fue tomado por sorpresa y sus efectivos se habían agotado por la deserción de tantos nobles. Capturaron al mismo Aelle y lo mataron al hacer que le grabaran la imagen de un águila en vuelo en su espalda con un cuchillo.[lxxxvii]

Una vez cumplida su venganza, Hvitserk, Björn y Sigurd volvieron a casa y se repartieron el reino de su padre entre ellos. Björn tomó los territorios que estaban en Suecia, mientras Sigurd reinaba en Dinamarca. Hvitserk continuó realizando viajes en busca de tesoros, hasta que fue capturado y ejecutado. Ivar permaneció en Inglaterra, donde estableció una colonia vikinga en Northumbria.

Así termina la saga de Ragnar Lodbrok y sus hijos

Notas de la saga de Ragnar Lodbrok y sus hijos

Kirsten Wolf, *Daily Life of the Vikings* (Westport: The Greenwood Press, 2004), p. 22. *(en inglés)*

Wolf, *Daily Life*, p. 22. *(en inglés)*

Wolf, *Daily Life*, p. 22. *(en inglés)*

Richard Hall, *El mundo de los Vikingos* (Nueva York: Thames and Hudson, 2007), p. 40-43.

Anders Winroth, *The Age of the Vikings* (Princeton: Princeton University Press, 2014), p. 138-9. *(en inglés)*

James Graham-Campbell, ed., *Cultural Atlas of the Viking World* (Oxford: Andromeda, 1994), p. 43. *(en inglés)*

Graham-Campbell, *Cultural Atlas*, pp. 80-83. *(en inglés)*

Wolf, *Daily Life*, p. 8. *(en inglés)*

Wolf, *Daily Life*, p. 10-11. *(en inglés)*

Wolf, *Daily Life*, p. 22-24. *(en inglés)*

Winroth, *Age of the Vikings*, p. 164-65. *(en inglés)*

Las historias de las mujeres guerreras en el relato de Saxo se resumen en la obra de Judith Jesch, *Women in the Viking Age*

(Woodbridge: The Boydell Press, 1991) *(en inglés)*, a partir de la página 176.

Charlotte Hendenstierna-Jonson et al., «A Female Viking Warrior Confirmed by Genomics», *American Journal of Physical Anthropology* 164/4 (2017): 853-60. *(en inglés)*

Hendenstierna-Jonson et al., «Female Viking Warrior», p. 855. *(en inglés)*

Hendenstierna-Jonson et al., «Female Viking Warrior», p. 855-57. *(en inglés)*

Hall, *El mundo de los Vikingos*, p. 34.

Jesch, *Women in the Viking Age*, pp. 183-85. *(en inglés)*

Wolf, *Daily Life*, p. 13. *(en inglés)*

Wolf, *Daily Life*, p. 8-9. *(en inglés)*

Wolf, *Daily Life*, p. 10. *(en inglés)*

Wolf, *Daily Life*, p. 10. *(en inglés)*

Winroth, *Age of the Vikings*, p. 162-64. *(en inglés)*

Winroth, *Age of the Vikings*, p. 162-64. *(en inglés)*

Winroth, *Age of the Vikings*, p. 163-64. *(en inglés)*

Neil Oliver, *The Vikings: A New History* (Nueva York: Pegasus Books LLC, 2013), p. 108. *(en inglés)*

Winroth, *Age of the Vikings*, p. 123. *(en inglés)*

John Haywood, *Los hombres del Norte: La saga vikinga 793-1241* (Nueva York: St. Martin's Press, 2015), p. 14.

Wolf, *Daily Life*, p. 24 (en inglés); Graham-Campbell, *Cultural Atlas*, p. 75. *(en inglés)*

Haywood, *Los hombres del Norte*, p. 20-22; Graham-Campell, *Cultural Atlas*, p. 75. *(en inglés)*

Haywood, *Los hombres del Norte*, p. 22.

Graham-Campbell, *Cultural Atlas*, p. 75. *(en inglés)*

Graham-Campbell, *Cultural Atlas*, p. 79. *(en inglés)*

Wolf, *Daily Life*, p. 24. *(en inglés)*

Graham-Campbell, *Cultural Atlas*, p. 78. *(en inglés)*

Graham-Campbell, *Cultural Atlas*, p. 78. *(en inglés)*

Hall, *El mundo de los Vikingos*, p. 33, 99.

Hall, *El mundo de los Vikingos*, p. 101.

Hall, *El mundo de los Vikingos*, p. 101.

Winroth, *Age of the Vikings*, p. 124-27. *(en inglés)*

Graham-Campbell, *Cultural Atlas*, p. 78. *(en inglés)*

Graham-Campbell, *Cultural Atlas*, p. 85. *(en inglés)*

Hall, *El mundo de los Vikingos*, p. 59.

Hall, *El mundo de los Vikingos*, p. 60.

Hall, *El mundo de los Vikingos*, p. 60. Ribe es una ciudad de Dinamarca.

Haywood, *Los hombres del Norte*, p. 42-3.

Haywood, *Los hombres del Norte*, p. 45.

Haywood, *Los hombres del Norte*, p. 45, 88.

Haywood, *Los hombres del Norte*, p. 169-70.

Haywood, *Los hombres del Norte*, p. 40.

Winroth, *Age of the Vikings*, p. 136. *(en inglés)*

Winroth, *Age of the Vikings*, p. 136-39. *(en inglés)*

Winroth, *Age of the Vikings*, p. 136-37. *(en inglés)*

Oliver, *New History*, p. 99-100. *(en inglés)*

Hall, *El mundo de los Vikingos*, p. 54.

Winroth, *Age of the Vikings*, p. 75. *(en inglés)*

Haywood, *Los hombres del Norte*, p. 47.

Haywood, *Los hombres del Norte*, p. 50.

Oliver, *New History*, p. 169. *(en inglés)*

Caroline Taggart, *The Book of English Place Names: How Our Towns and Villages Got Their Names* (n. p.: Ebury Press, 2011), p. 15, 82, 269. *(en inglés)*

Graham-Campbell, *Cultural Atlas*, pp. 190-91. *(en inglés)*; Winroth, *Age of the Vikings*, p. 114. *(en inglés)*

Graham-Campbell, *Cultural Atlas*, pp. 190-91. *(en inglés)*

Graham-Campbell, *Cultural Atlas*, p. 192 *(en inglés)*; Hall, *El mundo de los Vikingos*, p. 97.

Hall, *El mundo de los Vikingos*, p. 150, 152.

Hall, *El mundo de los Vikingos*, p. 151.

Hall, *El mundo de los Vikingos*, p. 181.

Hall, *El mundo de los Vikingos*, p. 160.

Hall, *El mundo de los Vikingos*, p. 161.

Ben Waggoner, traducción., *The Sagas of Ragnar Lodbrok* (New Haven: The Troth, 2009), p. xiii. *(en inglés)*

Ben Waggoner, traducción., *The Sagas of Ragnar Lodbrok*, p. xi. *(en inglés)*

Ben Waggoner, traducción., *The Sagas of Ragnar Lodbrok*, p. xiii. *(en inglés)*

Ben Waggoner, traducción., *The Sagas of Ragnar Lodbrok*, p. xxiv. *(en inglés)* El manuscrito en cuestión se encuentra en la Biblioteca Real Danesa de Copenhague, MS NkS 1824b 4to.

Este manuscrito se encuentra en la Biblioteca Real Danesa de Copenhague, MS AM 147 4to. Ben Waggoner, traducción., *The Sagas of Ragnar Lodbrok*, p. xxiv. *(en inglés)*

Ben Waggoner, traducción., *The Sagas of Ragnar Lodbrok*, p. xxv. *(en inglés)* Waggoner también señala que el *Hauksbók* se dividió en sus partes constituyentes y las piezas se catalogaron por separado. La parte que contiene el *Relato de los hijos de Ragnar* ahora se

encuentra en el Instituto Arnamagnaean de la Universidad de Copenhague como MS AM 544.

Robert Crawford, *Scotland's Books: A History of Scottish Literature* (Oxford: Oxford University Press, 2009), n. p., *(en inglés)* consultado a través de los Libros de Google <http://google.com/books> 23 de marzo de 2020.

n. a., *Teutonic Forms*, p. 3 *(en inglés)* (PDF visitado en https://www.jsicmail.ac.uk, 23 de marzo de 2020). El PDF parece citar a Turville-Petre, p. xix, como fuente para la definición de *háttlausa*, pero no da una descripción bibliográfica más allá del apellido del autor y el número de página. Es posible que esta información se haya tomado de la obra *Scaldic Poetry* de Gabriel Turville-Petre (Oxford: Clarendon Press, 1976), pág. xxix, pero no tengo acceso a este volumen y, por lo tanto, no puedo confirmar la exactitud de esta suposición.

Ben Waggoner, traducción., *The Sagas of Ragnar Lodbrok*, p. x. *(en inglés)*

Oliver Elton, traducción. *The Nine Books of the Danish History of Saxo Grammaticus*. 2 vols. (Londres: Norroena Society, [1905]). *(en inglés)*

Elton, traducción., *Saxo Grammaticus*, vol. 2, p. 544-5. (en inglés)

Elton, traducción., *Saxo Grammaticus*, vol. 2, p. 550 (episodio de Carlomagno) and 552-4 (episodio de Hellespont). (en inglés)

Winroth, *Age of the Vikings*, p. 134-38. *(en inglés)*

Wolf, *Daily Life*, p. 55. *(en inglés)*

Wolf, *Daily Life*, p. 55. *(en inglés)*

Crawford, *Volsungs*, p. xv. *(en inglés)*

R. Bartlett, «The Viking Hiatus in the Cult of Saints as Seen in the Twelfth Century,» in *The Long Twelfth-Century View of the Anglo-Saxon Past*, editado por Martin Brett y David A. Woodman

(Abingdon: Routledge, 2016), p. 18. Bartlett cita el manuscrito F de la obra *Chronicle*, f. 54. «Viking Hiatus» n. 16. *(en inglés)*

Bartlett, *Viking Hiatus*, p. 17-8. *(en inglés)*

Bartlett, *Viking Hiatus*, p. 18. *(en inglés)*

Ben Waggoner, traducción., *The Sagas of Ragnar Lodbrok*, p. xvi-xvii. *(en inglés)*

Crawford, *Volsungs*, p. xix. *(en inglés)*

Albert Welles, *The Pedigree and History of the Washington Family* (Nueva York: Society Library, 1879). *(en inglés)*

Welles, *Washington*, p. iv. *(en inglés)*

En una versión medieval de la saga, Ragnar afirma que tiene quince años en su verso para Thora, pero esta versión no incluye la estancia de Ragnar con Ladgerda. Debido a que incluyo la historia de Ragnar conociendo y casándose con Ladgerda antes de su encuentro con el dragón, he cambiado la edad de Ragnar a dieciocho años para tener en cuenta sus tres años con Ladgerda.

Un kenning para «dragón».

Otro kenning para «dragón».

Un kenning para «negro». También es un juego de palabras con el nombre «Kraka», que significa «cuervo».

Las fuentes originales no son claras sobre la naturaleza exacta de la discapacidad de Ivar. En cierto modo, las descripciones parecen sugerir una forma más leve de enfermedad de los huesos frágiles (osteogénesis imperfecta), pero también podrían referirse al raquitismo. El raquitismo es una enfermedad infantil que produce un ablandamiento de los huesos, causado por la falta de vitamina D. Entre los efectos de este ablandamiento se incluyen la flexión de las piernas y los nudos de las rodillas, lo que afecta la capacidad de caminar. El raquitismo es más común en las latitudes septentrionales debido a la falta de luz solar durante una parte importante del año.

También puede deberse a factores genéticos o a que la madre tenga una grave deficiencia de la vitamina D durante el embarazo.

El padre de Kraka o Aslaug también tenía la habilidad de entender el habla de los pájaros, que adquirió al probar accidentalmente algo de la sangre del dragón Fafner mientras lo asaba para Regin, el herrero del que Sigfrido era aprendiz y que era hermano de Fafner.

«Fafnirsbane» significa «asesino de Fafnir».

Aunque la saga solo se escribió en tiempos cristianos, uno se pregunta si el pozo de las serpientes tenía la intención de ser algún tipo de referencia al concepto pagano ya sea a Hvergelmir o a Nastrandir. Este último era un lugar en el inframundo nórdico que estaba hecho de serpientes venenosas y el primero era un lugar habitado por una serpiente gigante. Nastrandir era el lugar al que se enviaban las almas de los rompedores de juramentos y asesinos mientras que Hvergelmir era el lugar donde una serpiente gigante consumía las almas de los más malvados. Si esta coincidencia de imágenes entre las creencias paganas y el texto de la saga fuera en efecto intencionada podría añadir aún más degradación al método utilizado para la muerte de Ragnar, ya que indica que Aelle lo veía no como un noble enemigo sino más bien como un deshonrado asesino. También es posible que se pretendiera establecer un vínculo entre Ragnar y Gunter de la *Saga de los volsungos*, quien también encuentra su final en un pozo lleno de serpientes.

Esta es una versión significativamente más corta del Krákumál, un poema de 29 estrofas que se supone es la canción de la muerte de Ragnar. De hecho, el Krákumál es una creación del siglo XII, probablemente escrito en algún lugar de las islas escocesas.

El pago del *wergeld* era una práctica importante en las antiguas sociedades germánicas y escandinavas. La finalidad del *wergeld* era compensar a la víctima —o a la familia de la víctima, si la víctima moría— por los daños sufridos a causa del delito cometido por el agresor. La suma que se debía pagar variaba según la naturaleza de la lesión, el género y la condición social de las partes interesadas. Una vez que se había pagado el *wergeld*, la víctima o su familia tenían que renunciar a cualquier derecho a exigir un pago o a realizar una venganza posterior.

Algunas de las fuentes que consulté decían que «Lundunaborg» era Londres; otras decían que era Lincoln. Ninguna de las dos identificaciones puede ser históricamente exacta ya que tanto Londres como Lincoln se fundaron por los romanos mucho antes de que los vikingos llegaran a Inglaterra. Peter Munch defiende la idea de «Londres» en su obra *Norse Mythology: Legends of Gods and Heroes* (Nueva York: American-Scandinavian Foundation, 1926), p. 251 *(en inglés)*. Katharine F. Boult, por otro lado, afirma que la fortaleza de Ivar era Lincoln. *Asgard & the Norse Heroes* (Londres: J. M. Dent & Sons, Ltd., 1914), p. 253 *(en inglés)*.

Las fuentes medievales no coinciden en lo que implicaron exactamente la tortura y la muerte de Aelle. Algunas parecen indicar que la imagen de un águila se grabó en su espalda, pero otra versión afirma que el «águila» se creó al abrir la caja torácica de la víctima por la espalda y después separar sus pulmones como si fueran alas. El historiador Anders Winroth dice que la dificultad de traducir la versión original en nórdico antiguo ha llevado a otros malentendidos sobre el «águila de sangre». Winroth dice que la interpretación en la que un águila se graba en la espalda de Aelle con un cuchillo también puede ser una mala traducción, aunque él la encuentra gramaticalmente correcta y que podría haber sido la intención original del creador de la saga decir que a Aelle lo mataron y que después su cuerpo se dejó como alimento para las aves de presa. *The Age of the Vikings* (Princeton: Princeton University Press, 2014), p. 36-7 *(en inglés)*.

Parte III: Representaciones de los mitos e historia nórdicos en los medios modernos

Los dragones en la Tierra Media de Tolkien

El Señor de los Anillos y *El hobbit* de J. R. R. Tolkien han capturado la imaginación de los lectores desde su publicación inicial a mediados del siglo XX y se han llevado a un público aún más amplio gracias a las recientes adaptaciones cinematográficas de Peter Jackson. Las voluminosas obras de Tolkien sobre la Tierra Media, su historia y sus habitantes abrieron nuevos mundos para las generaciones de sus fanáticos e inspiraron a muchos otros escritores.

Así como los escritos de Tolkien se convirtieron en un estímulo para los creadores que lo siguieron, los antiguos mitos nórdicos y anglosajones fueron una de las inspiraciones de Tolkien y están profundamente entretejidos en su ficción. Tolkien no se distanció mucho de sus fuentes, sino que se alegraba de poder afirmar lo siguiente: «En mi obra El Señor de los Anillos he tratado de modernizar los mitos y hacerlos más creíbles».[lxxxviii]

La conexión de Tolkien con los antiguos mitos nórdicos y con la literatura anglosajona llegó temprano en su vida, así como su interés por las lenguas artificiales. Cuando Tolkien era un niño, leyó la versión de Andrew Lang de la *Saga de los volsungos* en *El libro rojo de las hadas* y alrededor de la misma época, hizo sus primeros experimentos con las lenguas artificiales.[lxxxix] Durante su adolescencia, Tolkien fue alumno de la escuela de King Edward de Birmingham, donde estudió la lengua anglosajona y comenzó a aprender a leer el nórdico antiguo.[xc] El nórdico antiguo se convirtió en su asignatura preferida durante sus estudios universitarios en Oxford, complementaria a su materia de estudio primaria, la lingüística del inglés.[xci]

Este interés por los idiomas y la literatura nórdica y anglosajona por igual creó el arco de la vida profesional de Tolkien, la mayor parte de la cual transcurrió en la Universidad de Oxford, donde fue profesor de anglosajón y miembro de Pembroke College entre 1925 y 1945, mientras que de 1945 a 1959 fue profesor de lengua y literatura inglesas y miembro de Merton College.[xcii] Fue durante su estancia en Oxford y durante su jubilación posterior cuando Tolkien escribió *El hobbit*, *El Señor de los Anillos* y otras historias ambientadas en la Tierra Media, la última de las cuales fue publicada por el hijo de Tolkien, Christopher, después de la muerte del anciano Tolkien en 1973.

Las conexiones entre las obras de Tolkien y la mitología nórdica son lo suficientemente complejas y extensas como para llenar un libro entero, así que voy a limitar mi enfoque al asunto de los dragones en estos dos ámbitos de la literatura. Así como los dragones son figuras importantes en *Beowulf* y en las sagas islandesas, incluida la de Ragnar, también abundan en las obras de Tolkien. Aparece el aterrador Ancalagon el Negro, el mortal Glaurung sin alas en *El Silmarillion*, el brillante Smaug en *El hobbit* y el ingenioso y cobarde Crisófilax en *Egidio, el granjero de Ham*, una divertida historia corta ambientada no en el reino de la fantasía de la Tierra Media sino en una imaginaria Inglaterra medieval. No debe sorprender que el mismo Tolkien admitió que cuando era niño, «deseaba a los dragones con un profundo anhelo».

Aunque todos los dragones de Tolkien son dignos de una mayor discusión, me centraré en los paralelos entre Fafner de la *Saga de los volsungos*, por un lado, y Smaug y Glaurung en los libros de Tolkien *El hobbit* y *El Silmarillion*, por el otro. La interacción de Bilbo con Smaug en *El hobbit* también guarda resonancia con el poema épico anglosajón *Beowulf* y existen dos pequeños puntos de semejanza entre Glaurung en *El Silmarillion* y el dragón sin nombre de la *Saga de Ragnar Lodbrok*.

El autor Jonathan Evans señala algunos paralelismos entre Smaug, el dragón de *El hobbit*, y el dragón de la última parte de *Beowulf* en los acontecimientos que desencadenan su desenfreno. En ambas historias, los dragones se enfurecen por la pérdida de una pequeña copa de cada uno de sus tesoros.[xciii] Bilbo toma la copa en *El hobbit* durante su primera visita a la guarida de Smaug, mientras que en *Beowulf* el objeto es robado por un hombre desconocido.[xciv]

La forma de la muerte de Smaug proviene de una fuente diferente, en cambio, hace eco del asesinato del dragón Fafner por Sigfrido en la *Saga de los volsungos*. En ambas historias, el dragón se derriba por un arma que perfora un punto débil en el vientre, cerca del hombro izquierdo. Fafner muere a causa de una espada clavada por Sigfrido, que se esconde en una fosa y ataca al dragón cuando pasa por encima, mientras que Smaug muere a causa de una flecha disparada por un arquero llamado Bardo.[xcv]

En cada uno de los casos, la persona que mata al dragón recibe consejos sobre cómo hacerlo. En la *Saga de los volsungos*, el padre adoptivo de Sigfrido, Regin, le dice a Sigfrido que cave una fosa, se esconda en ella y que apuñale al dragón cuando pase por encima. Mientras Sigfrido está cavando, Odín, que se presenta bajo la apariencia de un viejo tuerto, le dice a Sigfrido que cave múltiples fosas para protegerse del flujo de la sangre del dragón. En *El hobbit*, un tordo que ha estado dando vueltas en el campamento de los enanos escucha a Bilbo contarles a los enanos la debilidad que observó al entrar en la guarida del dragón.[xcvi] El tordo lleva esta información al arquero Bardo.[xcvii] La habilidad de Bardo para entender el habla de los pájaros también aparece en la *Saga de los volsungos*: Sigfrido obtiene esa misma habilidad cuando accidentalmente prueba un poco de la sangre de Fafner después de matarlo y la conversación de los pájaros salva la vida de Sigfrido como el tordo salva la de Bardo, al advertir a Sigfrido que su padre adoptivo, Regin, tiene la intención de matarlo.[xcviii]

Al igual que en *El hobbit*, Tolkien se apropia de algunos detalles de la historia de Sigfrido en la *Saga de los volsungos* para reutilizarlos en la historia de Túrin Turambar en *El Silmarillion*. Algunos de estos son pequeños elementos: por ejemplo, tanto Túrin como Sigfrido usan cascos de dragón y empuñan espadas dos veces forjadas, además de que ambos sufren destinos infelices. Aquí, sin embargo, me gustaría concentrarme en las interacciones de cada héroe con los dragones que matan. Para Sigfrido, este es Fafner, mientras que para Túrin, este es Glaurung, el primer dragón creado en la Tierra Media por medio del poder de Melkor, el señor oscuro.

Como ya hemos visto, Sigfrido mata a Fafner con un ataque de espada desde abajo. Túrin hace lo mismo en su encuentro final con Glaurung, pero con un riesgo bastante mayor para Túrin, quien, en lugar de esperar en relativa seguridad dentro de una fosa, trepa un acantilado a un lado de un abismo para esperar al dragón mientras este pasa sobre el hueco entre el lugar donde Túrin espera y el otro lado.

La escena final que incluye tanto a Túrin como a Glaurung también tiene algunas resonancias con la *Saga de Ragnar Lodbrok*. Ragnar obtiene el apodo de «Lodbrok», o «calzas peludas», por el traje que se hace para protegerse del veneno y de la sangre del dragón. El traje funciona: cuando la sangre del dragón moribundo salpica a Ragnar, él sale ileso. Túrin, por otro lado, no es tan afortunado o quizás no tan precavido como Ragnar. Cuando Túrin saca su espada del costado de Glaurung, la sangre del dragón brota a chorros, y algo cae en la mano de Túrin y la quema. Además, al igual que el dragón en la historia de Ragnar, Glaurung no tiene alas.

Los personajes de Fafner, Smaug y Glaurung también tienen algunas cosas en común, especialmente en la forma en la que se relacionan con Sigfrido, Bilbo y Túrin, respectivamente. Tolkien toma estos elementos comunes y los moldea de manera diferente para Smaug que para Glaurung, en parte debido al tono de cada una de estas historias. La historia de Túrin Turambar es tanto una tragedia como un romance en el sentido medieval de la palabra, escrita con una voz deliberadamente arcaica para evocar la sensación de que lo que uno está leyendo es un documento de un pasado antiguo y no algo creado por un profesor de Oxford del siglo XX. *El hobbit*, por el contrario, a pesar de todas sus batallas, arañas gigantes, duendes y dragones, se escribió para niños y por lo tanto mantiene un tono bastante ligero.

A diferencia del dragón de la saga de Ragnar, que permanece en silencio durante su encuentro con Ragnar, el dragón Fafner y los dragones de Tolkien hablan con los héroes en sus respectivas historias. Después de que Sigfrido le da a Fafner su golpe mortal, Fafner le pregunta a Sigfrido quién es su padre y cuál es su linaje. Sigfrido responde que su linaje no es conocido por los hombres, que se le llama la Noble Bestia, que no tiene ni padre ni madre y que por ello viaja solo.[xcix] En la conversación que sigue, Sigfrido revela su verdadero nombre y aguanta una serie de insultos del dragón, seguidos de una conversación sobre la muerte y el destino antes de que Fafner maldiga su tesoro y muera.

En esta conversación, Sigfrido y Fafner se relacionan el uno con el otro más o menos como iguales. Se preguntan y contestan las preguntas del otro y, aunque Fafner intenta asustar a Sigfrido con horribles presagios en caso de que Sigfrido toque el tesoro de Fafner, el dragón no parece pensar que Sigfrido sea inferior a él.

Glaurung, por el contrario, desprecia a Túrin. El dragón le insulta, igual que Fafner se lo hace a Sigfrido, pero las burlas de Glaurung son mucho más dañinas. En su primer encuentro, Glaurung no mata a Túrin, sino que hiere al héroe de forma psicológica y emocional al llamarlo «inútil, forajido, asesino de su amigo, ladrón de amor, usurpador de Nargothrond, capitán temerario y desertor de su familia». Ahora bien, todas estas cosas son ciertas en teoría y son descripciones de hechos reales de la vida de Túrin, pero Glaurung hace uso de ellas; y los insultos contra la familia de Túrin que siguen hacen que Túrin dude de sí mismo y por lo tanto lo debilitan en la lucha contra el creador de Glaurung, Melkor. Aunque Túrin intenta atacar a Glaurung, el dragón simplemente se aparta del camino y se va mientras se burla de él y piensa que ya ha desperdiciado demasiado tiempo y esfuerzo en este hombre tan insignificante.[c]

Otro intercambio tiene lugar más adelante en la historia, esta vez entre Glaurung y Niënor, la esposa de Túrin, mientras Glaurung se está muriendo. Glaurung se burla de Niënor al decir que es la hermana de Túrin, un hecho del que ni Niënor ni Túrin eran conscientes, después de lo cual Glaurung desprecia a Túrin una vez más antes de morir.[ci] Poco después, Túrin se entera de que su madre ha muerto y que Niënor ha perdido la memoria y ha huido.[cii] Exhausto y despojado, Túrin se suicida al arrojarse sobre el filo de su espada.[ciii]

Tolkien utiliza la interacción de Sigfrido con Fafner como modelo para las conversaciones de Glaurung con Túrin y Niënor, pero expande la idea al crear tres encuentros en lugar de uno que involucra no a uno sino a dos personajes. Tolkien también incrementa los intereses emocionales al hacer las conversaciones de Glaurung con Turín y Niënor más crueles que las de Fafner con Sigfrido, y también eleva la malicia del dragón hacia los humanos a los que atormenta.

En *El hobbit*, por el contrario, Tolkien adopta la parte de los enigmas de la conversación de Sigfrido con Fafner como modelo para la interacción de Bilbo con Smaug, aumenta el número de enigmas y utiliza la conversación como una oportunidad para que Smaug se regodee de su superioridad sobre el insignificante ladrón que se atreve a enfrentarse a él y a intentar tocar incluso el más pequeño objeto de su tesoro. A diferencia de las burlas y regodeo de Glaurung, que se convierten en la ruina de Túrin y Niënor, los insultos de Smaug albergan semillas de su propia destrucción: el dragón presume de su vientre cubierto de piedras preciosas y se las muestra a Bilbo, que ve una zona no cubierta por gemas en el lado izquierdo que se convertirá en la ruina de Smaug. Además, el enigma más o menos exitoso de Bilbo muestra el coraje y el agudo ingenio del pequeño hobbit que, solo unos meses antes, estaba «arrodillado en la alfombra del hogar y temblaba como una gelatina que se estaba derritiendo» ante la sugerencia de que se embarcaría en una gran aventura con Gandalf y los enanos.[civ] A diferencia de Túrin, Bilbo sale envalentonado de su encuentro con un dragón.

Al igual que Bilbo, Sigfrido comienza su interacción con Fafner ocultando su identidad con una serie de enigmas, pero Sigfrido abandona rápidamente la pretensión cuando Fafner insiste en que diga la verdad. Sigfrido lo hace, sobre todo porque sabe que el dragón se está muriendo y no podrá ir tras él más tarde. Bilbo, sin embargo, no tiene tales garantías ya que Smaug está muy vivo y no existe ninguna garantía de que muera. Además, mientras Sigfrido trata a Fafner prácticamente como a un compañero derrotado, Bilbo, por el contrario, se da cuenta de lo pequeño e impotente que es —con lo que Smaug obviamente está de acuerdo— y se dirige al dragón con títulos halagadores como «Smaug el Tremendo» y «Smaug el más grande de las calamidades».

Cuando Smaug pregunta quién es Bilbo y de dónde viene, Bilbo responde con una serie de acertijos que se refieren de manera indirecta tanto a sus orígenes como a las aventuras que ha tenido hasta ahora:

> Vengo de debajo de la colina, y por debajo de las colinas y sobre las colinas me condujeron los senderos. Y por el aire. Yo soy el que camina sin ser visto. Yo soy el descubre-indicios, el corta-telarañas, la mosca de aguijón. Fui elegido por el número de la suerte. Yo soy el que entierra a sus amigos vivos, y los ahoga y los saca vivos otra vez de las aguas. Yo vengo de una bolsa cerrada, pero no he estado dentro de ninguna bolsa. Yo soy el amigo de los osos y el invitado de las águilas. Yo soy el Ganador del Anillo y el Porta Fortuna; y yo soy el Jinete del Barril.[cv]

Después de este diálogo, Tolkien continúa dando al lector algunas instrucciones para interactuar con los dragones y señala que es sabio ocultar el nombre, pero imprudente negarse a responder en absoluto y que por lo tanto Bilbo lo está haciendo muy bien en esta situación extraordinariamente peligrosa. Tolkien explica entonces por qué es una buena idea acercarse a los dragones de esta manera y dice que «ningún dragón puede resistirse a la fascinación de la charla enigmática y de perder el tiempo tratando de entenderla».

Esto es tan cierto para Fafner como para Smaug: mientras Fafner se está muriendo, intenta resolver el enigma de la identidad de Sigfrido, al que siguen una serie de preguntas y respuestas sobre la naturaleza de las nornas, las diosas que determinan el destino de todos los seres humanos y la morada del dios del fuego Surt, antes de que Fafner le informe a Sigfrido acerca de la perdición que le espera si toca el oro de Fafner.[cvi]

En su propia ficción, Tolkien usó las historias nórdicas que tanto le gustaban y que conocía de cerca como inspiración para sus nuevos personajes y sucesos. Pero en lugar de copiar lo que encontró en las sagas, Tolkien las reelaboró y las adaptó a sus propios fines para convertirlas en ricos elementos en los que basar las historias nuevas, historias para los lectores que, como Tolkien, ansían conocer las historias de los dragones.

Notas sobre los dragones en la Tierra Media de Tolkien

Kirsten Wolf, *Daily Life of the Vikings* (Westport: The Greenwood Press, 2004), p. 22. *(en inglés)*

Wolf, *Daily Life*, p. 22. *(en inglés)*

Wolf, *Daily Life*, p. 22. *(en inglés)*

Richard Hall, *El mundo de los Vikingos* (Nueva York: Thames and Hudson, 2007), p. 40-43.

Anders Winroth, *The Age of the Vikings* (Princeton: Princeton University Press, 2014), p. 138-9. *(en inglés)*

James Graham-Campbell, ed., *Cultural Atlas of the Viking World* (Oxford: Andromeda, 1994), p. 43. *(en inglés)*

Graham-Campbell, *Cultural Atlas*, pp. 80-83. *(en inglés)*

Wolf, *Daily Life*, p. 8. *(en inglés)*

Wolf, *Daily Life*, p. 10-11. *(en inglés)*

Wolf, *Daily Life*, p. 22-24. *(en inglés)*

Winroth, *Age of the Vikings*, p. 164-65. *(en inglés)*

Las historias de las mujeres guerreras en el relato de Saxo se resumen en la obra de Judith Jesch, *Women in the Viking Age*

(Woodbridge: The Boydell Press, 1991) *(en inglés)*, a partir de la página 176.

Charlotte Hendenstierna-Jonson et al., "A Female Viking Warrior Confirmed by Genomics", *American Journal of Physical Anthropology* 164/4 (2017): 853-60.

Hendenstierna-Jonson et al., «Female Viking Warrior», p. 855. *(en inglés)*

Hendenstierna-Jonson et al., «Female Viking Warrior», p. 855-57. *(en inglés)*

Hall, *El mundo de los Vikingos*, p. 34.

Jesch, *Women in the Viking Age*, pp. 183-85. *(en inglés)*

Wolf, *Daily Life*, p. 13. *(en inglés)*

Wolf, *Daily Life*, p. 8-9. *(en inglés)*

Wolf, *Daily Life*, p. 10. *(en inglés)*

Wolf, *Daily Life*, p. 10. *(en inglés)*

Winroth, *Age of the Vikings*, p. 162-64. *(en inglés)*

Winroth, *Age of the Vikings*, p. 162-64. *(en inglés)*

Winroth, *Age of the Vikings*, p. 163-64. *(en inglés)*

Neil Oliver, *The Vikings: A New History* (Nueva York: Pegasus Books LLC, 2013), p. 108. *(en inglés)*

Winroth, *Age of the Vikings*, p. 123. *(en inglés)*

John Haywood, *Los hombres del Norte: La saga vikinga 793-1241* (Nueva York: St. Martin's Press, 2015), p. 14.

Wolf, *Daily Life*, p. 24 (en inglés); Graham-Campbell, *Cultural Atlas*, p. 75. *(en inglés)*

Haywood, *Los hombres del Norte*, p. 20-22; Graham-Campell, *Cultural Atlas*, p. 75. *(en inglés)*

Haywood, *Los hombres del Norte*, p. 22.

Graham-Campbell, *Cultural Atlas*, p. 75. *(en inglés)*

Graham-Campbell, *Cultural Atlas*, p. 79. *(en inglés)*

Wolf, *Daily Life*, p. 24. *(en inglés)*

Graham-Campbell, *Cultural Atlas*, p. 78. *(en inglés)*

Graham-Campbell, *Cultural Atlas*, p. 78. *(en inglés)*

Hall, *El mundo de los Vikingos*, p. 33, 99.

Hall, *El mundo de los Vikingos*, p. 101.

Hall, *El mundo de los Vikingos*, p. 101.

Winroth, *Age of the Vikings*, p. 124-27. *(en inglés)*

Graham-Campbell, *Cultural Atlas*, p. 78. *(en inglés)*

Graham-Campbell, *Cultural Atlas*, p. 85. *(en inglés)*

Hall, *El mundo de los Vikingos*, p. 59.

Hall, *El mundo de los Vikingos*, p. 60.

Hall, *El mundo de los Vikingos*, p. 60. Ribe es una ciudad de Dinamarca.

Haywood, *Los hombres del Norte*, p. 42-3.

Haywood, *Los hombres del Norte*, p. 45.

Haywood, *Los hombres del Norte*, p. 45, 88.

Haywood, *Los hombres del Norte*, p. 169-70.

Haywood, *Los hombres del Norte*, p. 40.

Winroth, *Age of the Vikings*, p. 136. *(en inglés)*

Winroth, *Age of the Vikings*, p. 136-39. *(en inglés)*

Winroth, *Age of the Vikings*, p. 136-37. *(en inglés)*

Oliver, *New History*, p. 99-100. *(en inglés)*

Hall, *El mundo de los Vikingos*, p. 54.

Winroth, *Age of the Vikings*, p. 75. *(en inglés)*

Haywood, *Los hombres del Norte*, p. 47.

Haywood, *Los hombres del Norte*, p. 50.

Oliver, *New History*, p. 169. *(en inglés)*

Caroline Taggart, *The Book of English Place Names: How Our Towns and Villages Got Their Names* (n. p.: Ebury Press, 2011), p. 15, 82, 269. *(en inglés)*

Graham-Campbell, *Cultural Atlas*, pp. 190-91. *(en inglés)*; Winroth, *Age of the Vikings*, p. 114. *(en inglés)*

Graham-Campbell, *Cultural Atlas*, pp. 190-91. *(en inglés)*

Graham-Campbell, *Cultural Atlas*, p. 192 *(en inglés)*; Hall, *El mundo de los Vikingos*, p. 97.

Hall, *El mundo de los Vikingos*, p. 150, 152.

Hall, *El mundo de los Vikingos*, p. 151.

Hall, *El mundo de los Vikingos*, p. 181.

Hall, *El mundo de los Vikingos*, p. 160.

Hall, *El mundo de los Vikingos*, p. 161.

Ben Waggoner, traducción., *The Sagas of Ragnar Lodbrok* (New Haven: The Troth, 2009), p. xiii. *(en inglés)*

Ben Waggoner, traducción., *The Sagas of Ragnar Lodbrok*, p. xi. *(en inglés)*

Ben Waggoner, traducción., *The Sagas of Ragnar Lodbrok*, p. xiii. *(en inglés)*

Ben Waggoner, traducción., *The Sagas of Ragnar Lodbrok*, p. xxiv. *(en inglés)* El manuscrito en cuestión se encuentra en la Biblioteca Real Danesa de Copenhague, MS NkS 1824b 4to.

Este manuscrito se encuentra en la Biblioteca Real Danesa de Copenhague, MS AM 147 4to. Ben Waggoner, traducción., *The Sagas of Ragnar Lodbrok*, p. xxiv. *(en inglés)*

Ben Waggoner, traducción., *The Sagas of Ragnar Lodbrok*, p. xxv. *(en inglés)* Waggoner también señala que el *Hauksbók* se dividió en sus partes constituyentes y las piezas se catalogaron por separado. La parte que contiene el *Relato de los hijos de Ragnar* ahora se

encuentra en el Instituto Arnamagnaean de la Universidad de Copenhague como MS AM 544.

Robert Crawford, *Scotland's Books: A History of Scottish Literature* (Oxford: Oxford University Press, 2009), n. p., *(en inglés)* consultado a través de los Libros de Google <http://google.com/books> 23 de marzo de 2020.

n. a., *Teutonic Forms*, p. 3 *(en inglés)* (PDF visitado en https://www.jsicmail.ac.uk, 23 de marzo de 2020). El PDF parece citar a Turville-Petre, p. xix, como fuente para la definición de *háttlausa*, pero no da una descripción bibliográfica más allá del apellido del autor y el número de página. Es posible que esta información se haya tomado de la obra *Scaldic Poetry* de Gabriel Turville-Petre (Oxford: Clarendon Press, 1976), pág. xxix, pero no tengo acceso a este volumen y, por lo tanto, no puedo confirmar la exactitud de esta suposición.

Ben Waggoner, traducción., *The Sagas of Ragnar Lodbrok*, p. x. *(en inglés)*

Oliver Elton, traducción. *The Nine Books of the Danish History of Saxo Grammaticus.* 2 vols. (Londres: Norroena Society, [1905]). *(en inglés)*

Elton, traducción., *Saxo Grammaticus*, vol. 2, p. 544-5. (en inglés)

Elton, traducción., *Saxo Grammaticus*, vol. 2, p. 550 (episodio de Carlomagno) and 552-4 (episodio de Hellespont). (en inglés)

Winroth, *Age of the Vikings*, p. 134-38. *(en inglés)*

Wolf, *Daily Life*, p. 55. *(en inglés)*

Wolf, *Daily Life*, p. 55. *(en inglés)*

Crawford, *Volsungs,* p. xv. *(en inglés)*

R. Bartlett, «The Viking Hiatus in the Cult of Saints as Seen in the Twelfth Century,» in *The Long Twelfth-Century View of the Anglo-Saxon Past*, editado por Martin Brett y David A. Woodman

(Abingdon: Routledge, 2016), p. 18. Bartlett cita el manuscrito F de la obra *Chronicle*, f. 54. «Viking Hiatus» n. 16. *(en inglés)*

Bartlett, *Viking Hiatus*, p. 17-8. *(en inglés)*

Bartlett, *Viking Hiatus*, p. 18. *(en inglés)*

Ben Waggoner, traducción., *The Sagas of Ragnar Lodbrok*, p. xvi-xvii. *(en inglés)*

Crawford, *Volsungs*, p. xix. *(en inglés)*

Albert Welles, *The Pedigree and History of the Washington Family* (Nueva York: Society Library, 1879). *(en inglés)*

Welles, *Washington*, p. iv. *(en inglés)*

En una versión medieval de la saga, Ragnar afirma que tiene quince años en su verso para Thora, pero esta versión no incluye la estancia de Ragnar con Ladgerda. Debido a que incluyo la historia de Ragnar conociendo y casándose con Ladgerda antes de su encuentro con el dragón, he cambiado la edad de Ragnar a dieciocho años para tener en cuenta sus tres años con Ladgerda.

Un kenning para «dragón».

Otro kenning para «dragón».

Un kenning para «negro». También es un juego de palabras con el nombre «Kraka», que significa «cuervo».

Las fuentes originales no son claras sobre la naturaleza exacta de la discapacidad de Ivar. En cierto modo, las descripciones parecen sugerir una forma más leve de enfermedad de los huesos frágiles (osteogénesis imperfecta), pero también podrían referirse al raquitismo. El raquitismo es una enfermedad infantil que produce un ablandamiento de los huesos, causado por la falta de vitamina D. Entre los efectos de este ablandamiento se incluyen la flexión de las piernas y los nudos de las rodillas, lo que afecta la capacidad de caminar. El raquitismo es más común en las latitudes septentrionales debido a la falta de luz solar durante una parte importante del año.

También puede deberse a factores genéticos o a que la madre tenga una grave deficiencia de vitamina D durante el embarazo.

El padre de Kraka o Aslaug también tenía la habilidad de entender el habla de los pájaros, que adquirió al probar accidentalmente algo de la sangre del dragón Fafner mientras lo asaba para Regin, el herrero del que Sigfrido era aprendiz y que era hermano de Fafner.

«Fafnirsbane» significa «asesino de Fafnir».

Aunque la saga solo se escribió en tiempos cristianos, uno se pregunta si el pozo de las serpientes tenía la intención de ser algún tipo de referencia al concepto pagano ya sea a Hvergelmir o a Nastrandir. Este último era un lugar en el inframundo nórdico que estaba hecho de serpientes venenosas y el primero era un lugar habitado por una serpiente gigante. Nastrandir era el lugar al que se enviaban las almas de los rompedores de juramentos y asesinos mientras que Hvergelmir era el lugar donde una serpiente gigante consumía las almas de los más malvados. Si esta coincidencia de imágenes entre las creencias paganas y el texto de la saga fuera en efecto intencionada podría añadir aún más degradación al método utilizado para la muerte de Ragnar, ya que indica que Aelle lo veía no como un noble enemigo sino más bien como un deshonrado asesino. También es posible que se pretendiera establecer un vínculo entre Ragnar y Gunter de la *Saga de los volsungos*, quien también encuentra su final en un pozo lleno de serpientes.

Esta es una versión significativamente más corta del Krákumál, un poema de 29 estrofas que se supone es la canción de la muerte de Ragnar. De hecho, el Krákumál es una creación del siglo XII, probablemente escrito en algún lugar de las islas escocesas.

El pago del *wergeld* era una práctica importante en las antiguas sociedades germánicas y escandinavas. La finalidad del *wergeld* era compensar a la víctima —o a la familia de la víctima, si la víctima moría— por los daños sufridos a causa del delito cometido por el agresor. La suma que se debía pagar variaba según la naturaleza de la lesión, el género y la condición social de las partes interesadas. Una vez que se había pagado el *wergeld*, la víctima o su familia tenían que renunciar a cualquier derecho a exigir un pago o a realizar una venganza posterior.

Algunas de las fuentes que consulté decían que «Lundunaborg» era Londres; otras decían que era Lincoln. Ninguna de las dos identificaciones puede ser históricamente exacta ya que tanto Londres como Lincoln se fundaron por los romanos mucho antes de que los vikingos llegaran a Inglaterra. Peter Munch defiende la idea de «Londres» en su obra *Norse Mythology: Legends of Gods and Heroes* (Nueva York: American-Scandinavian Foundation, 1926), p. 251 *(en inglés)*. Katharine F. Boult, por otro lado, afirma que la fortaleza de Ivar era Lincoln. *Asgard & the Norse Heroes* (Londres: J. M. Dent & Sons, Ltd., 1914), p. 253 *(en inglés)*.

Las fuentes medievales no coinciden en lo que implicaron exactamente la tortura y la muerte de Aelle. Algunas parecen indicar que la imagen de un águila se grabó en su espalda, pero otra versión afirma que el «águila» se creó al abrir la caja torácica de la víctima por la espalda y después separar sus pulmones como si fueran alas. El historiador Anders Winroth dice que la dificultad de traducir la versión original en nórdico antiguo ha llevado a otros malentendidos sobre el «águila de sangre». Winroth dice que la interpretación en la que un águila se graba en la espalda de Aelle con un cuchillo también puede ser una mala traducción, aunque él la encuentra gramaticalmente correcta y que podría haber sido la intención original del creador de la saga decir que a Aelle lo mataron y que después su cuerpo se dejó como alimento para las aves de presa. *The Age of the Vikings* (Princeton: Princeton University Press, 2014), p. 36-7 *(en inglés)*.

Citado en la obra de Henry Resnick, *The Hobbit-Forming World of J. R. R. Tolkien*, The Saturday Evening Post (2 July 1966), p. 94 *(en inglés)*. Tolkien fue menos optimista acerca de las influencias celtas en su trabajo y se ofendió cuando un primer revisor de *The Silmarillion* dijo que habían notado una influencia celta. Marjorie J.

Burns, *Perilous Realms: Celtic and Norse in Tolkien's Middle-earth* (Toronto: University of Toronto Press, 2005), n.p., consultado en Google Books, el 18 de marzo de 2020 <http://www.google.com/books> *(en inglés)*.

Humphrey Carpenter, *J.R.R. Tolkien: una biografía* (Boston: Houghton Mifflin Company, 1977), p. 22, 35-36.

Carpenter, *Tolkien*, p. 34-5.

Carpenter, *Tolkien*, p. 71.

Carpenter, *Tolkien*, p. 111, 200.

J. R. R. Tolkien, "On Fairy-Stories," in *Essays Presented to Charles Williams* (London: Oxford University Press, 1947), p. 64. (en inglés)

Jonathan Evans, «The Dragon-Lore of Middle Earth: Tolkien and Old English and Old Norse Tradition,» in *J. R. R. Tolkien and His Literary Resonances: Views of Middle Earth*, ed. George Clark and Daniel Timmons (Westport: Greenwood Press, 2000), 21-38. *(en inglés)*

Evans, *Dragon-Lore*, p. 31. *(en inglés)*

Margaret Schlauch, traducción., *The Saga of the Volsungs: The Saga of Ragnar Lodbrok Together with the Lay of Kraka* (Nueva York: The American Scandinavian Foundation, 1930), p. 96 *(en inglés)*; J. R. R. Tolkien, *El hobbit* (Boston: Houghton Mifflin Company, 1966), p. 262.

Schlauch, *Volsungs*, p. 95 *(en inglés)*; Tolkien, *El hobbit*, p. 240.

Tolkien, *El hobbit*, p. 261.

Schlauch, *Volsungs*, p. 101 *(en inglés)*.

Schlauch, *Volsungs*, p. 96-7 *(en inglés)*.

J. R. R. Tolkien, *El Silmarillion*, ed. Christopher Tolkien (Boston: Houghton Mifflin Company, 1977), p. 213-14.

Tolkien, *El Silmarillion*, p. 214

Tolkien, *El Silmarillion*, p. 223

Tolkien, *El Silmarillion*, p. 225

Tolkien, *El Silmarillion*, p. 225

Tolkien, *El hobbit*, p. 25.

Tolkien, *El hobbit*, p. 234.

Tolkien, *El hobbit*, p. 235.

Tolkien, *El hobbit*, p. 235.

Schlauch, *Volsungs*, p. 96-9.

El choque de la historia y el drama en la serie de televisión Vikingos del canal History

La serie de televisión *Vikingos*, escrita y producida por Michael Hirst, duró seis temporadas con 79 episodios entre 2013 y 2019. En el momento de escribir el presente libro, se prevé que en 2020 la sexta temporada se amplíe en diez episodios. La serie, basada en una gran cantidad de investigación histórica, sigue la vida y las obras de Ragnar Lodbrok (Travis Fimmel), de su esposa Ladgerda (Katheryn Winnick), de su hermano Rollo (Clive Standen) y de otros personajes vikingos que vivían en el pueblo escandinavo de Kattegat a finales del siglo VIII.

La serie ha recibido elogios por sus altos valores de producción y su sólida escritura,[cvii] aunque también ha sido objeto de críticas por sus numerosas inexactitudes históricas, que probablemente se derivan, al menos en parte, de la necesidad de los guionistas de estructurar los episodios y las temporadas de acuerdo con las exigencias del género de la serie televisiva.[cviii] Las interacciones entre la historicidad, la inexactitud histórica, la ficción de reciente creación y el texto de la *Saga de Ragnar Lodbrok* en *Vikingos* es algo que vale la pena explorar. Sin embargo, no me propongo analizar toda la serie aquí; en su lugar, me centraré en unos pocos aspectos de la primera temporada que ilustran este tipo de ricas interacciones.

La inspiración básica para la serie *Vikingos* fue la *Saga de Ragnar Lodbrok* y su continuación en el *Relato de los hijos de Ragnar*, junto con la historia de la temprana época vikinga. Aunque la serie incorpora algunos de los detalles y personajes de la saga, no sigue la trama de la saga con fidelidad. En su lugar, la saga de Ragnar y la historia vikinga real ofrecen algo así como un marco básico en el que basar la serie. Esto se hizo de acuerdo con el deseo de Hirst de crear un drama factible «basado en la investigación y el registro histórico» y no con hacer un documental o una adaptación directa de la saga de Ragnar.[cix] Por lo tanto, Hirst tuerce y remodela tanto la saga como la historia vikinga para permitir que el Ragnar de la serie participe en los acontecimientos que habrían ocurrido mucho antes del nacimiento del Ragnar histórico e interactúe con otros personajes, tanto históricos como de reciente creación, que no tienen ninguna conexión con la saga o que existen dentro de la saga, pero que tienen diferentes interacciones con Ragnar y con algunos de los otros personajes.

Hay varias razones por las que fue más fructífero para Hirst tomar prestada la idea de Ragnar de la saga, pero no reproducir la saga en sí. Una tiene que ver con la duración: la saga original no daría a los creadores de la serie tanto material con el que trabajar como la creación de una nueva historia basada en la saga como trampolín. Otra tiene que ver con el deseo de un mínimo de historicidad: aunque podríamos asociar la época vikinga con cosas como los dragones, los dragones nunca han existido. Ni tampoco existieron las vacas mágicas que asustan a un ejército de guerreros. Existe una limitación en el grado en que uno puede crear una serie histórica y al mismo tiempo reproducir la *Saga de Ragnar Lodbrok* tal y como aparece.

Sin embargo, una razón más importante para incorporar elementos de la trama y personajes no históricos tiene que ver con la estructura de la historia y las expectativas del público. La *Saga de Ragnar Lodbrok*, como la mayoría de los cuentos de su tipo, tiene una estructura episódica, en la que la historia se compone de una serie de escenas conectadas, o episodios, que nos mueven de un extremo a otro de la historia. En el caso de la *Saga de Ragnar Lodbrok*, estos episodios se componen de eventos de la vida de Ragnar que lo mueven desde el punto en el que se convierte en rey después de la muerte de su padre, a través de su matrimonio con Ladgerda, hasta la matanza del dragón, y así sucesivamente, hasta el final cuando muere ejecutado a manos del rey Aelle. La estructura episódica es una forma válida de contar una historia, pero no es la forma en la que se componen la mayoría de los entretenimientos visuales modernos.

Los dramas modernos suelen tener una estructura dramática de tres actos, que es el formato que el público occidental espera de las películas y la televisión, ya que se supone que da una forma satisfactoria a la historia que se cuenta. En la estructura dramática, el primer acto introduce al protagonista y muestra un acontecimiento incitante que requiere que el protagonista haga algo al introducir un problema que se debe resolver. El segundo acto contiene la «carne» de la historia, donde se desarrolla el conflicto principal y los conflictos subsidiarios entre el protagonista y los demás personajes. Desde el acontecimiento incitante hasta el acto 2 y en el acto 3, el principio estructural del aumento de la tensión exige que lo que está en juego, la acción y el conflicto sigan aumentando hasta la batalla final (que puede o no implicar un combate físico real, según la historia que se cuente) en el acto 3.

Una vez resuelto el conflicto principal del drama, lo que queda es el desenlace, donde se cierra la historia. En el caso de una serie en curso que tiene un arco dramático más grande, el desenlace de un episodio puede funcionar tanto como un final para ese episodio en sí como un trampolín para el siguiente. Los episodios que terminan en cliffhangers carecen de un desenlace, ya que el cliffhanger suspende la historia en medio de la acción y deja el desenlace para el episodio que concluye la historia en su totalidad.

Algunas de las inexactitudes y desviaciones históricas de la saga medieval de Ragnar Lodbrok en la serie *Vikingos* son probablemente el resultado de que los guionistas quieran atenerse a los principios subyacentes de la estructura dramática, que requiere un conflicto entre un protagonista y un antagonista claramente definidos que se mueven a lo largo de la historia participando en una acción que se ajusta al principio del aumento de la tensión. Los guionistas también deben seguir un principio denominado «mostrar, no contar», en el que la exposición importante se hace de otra manera que a través de los diálogos de los personajes o la voz que explica la situación al público. Aunque «mostrar, no contar» sea también un principio para las obras escritas como las novelas, es especialmente importante para el cine y la televisión, que son los medios visuales.

En la primera temporada de *Vikingos*, Ragnar —que aquí es un granjero y un hombre de familia que vive en la aldea de Kattegat, no el hijo de un rey como en la saga— está trabajando junto con su amigo, el excéntrico armador Floki (Gustaf Skarsgård), para construir un nuevo tipo de barco que sea capaz de navegar por el Atlántico Norte y sobrevivir al mal tiempo. Ragnar tiene la intención de navegar hacia el oeste para ver qué puede encontrar, porque está cansado de hacer incursiones en el este. Sin embargo, el conde Haraldson (Gabriel Byrne), el noble local que domina el Kattegat, no quiere que Ragnar haga este viaje. Haraldson siente envidia del espíritu emprendedor de Ragnar porque ve a Ragnar como una competencia por la lealtad de los hombres bajo su jurisdicción.

Ragnar desobedece la orden directa del conde de no navegar hacia el oeste. Ragnar y Floki, junto con el hermano de Ragnar, Rollo, y otros hombres, navegan en el nuevo barco de Floki hacia Inglaterra. En el viaje, se enfrentan a una gran tormenta que podría haber destruido otros barcos, pero este barco supera la tormenta con éxito. Floki está eufórico de que su diseño funcione como está previsto. Los vikingos atracan su barco en la isla sagrada de Lindisfarne, frente a la costa de Inglaterra. Allí desembarcan, saquean el monasterio de Lindisfarne, matan a algunos de los monjes y se llevan a otros como esclavos. Entre los cautivos está Athelstan (George Blagden), un joven monje inglés que se convierte en el esclavo de Ragnar y después en su amigo.

Aunque la incursión y la prueba del diseño de la nave de Floki son exitosos, no todo les va bien. Cuando los vikingos regresan a casa, el conde Haraldson está enfadado porque Ragnar le desobedeció, así que confisca el tesoro que Ragnar y sus amigos robaron del monasterio. El conflicto entre el conde y Ragnar entonces impulsa los eventos por el resto de la temporada, en paralelo con un importante conflicto secundario entre Ragnar y su hermano, Rollo, que está celoso del liderazgo de su hermano, y también con la relación en desarrollo entre Ragnar y Athelstan.

En esta brevísima sinopsis de los dos primeros episodios de la primera temporada, ya podemos contemplar varias inexactitudes históricas —algunas de ellas bastante evidentes— así como varias desviaciones del texto de la saga original. La primera serie de inexactitudes se refiere a los elementos de la incursión prohibida de Ragnar. En concreto, se trata de la idea de que Gran Bretaña era una *terra nova* para los vikingos, la idea de que los vikingos no tenían ya barcos capaces de navegar por el Atlántico Norte incluso en caso de tormenta y el conflicto entre la fecha de la incursión histórica real en Lindisfarne y la vida del Ragnar histórico o el Ragnar mencionado en las crónicas contemporáneas.

La histórica incursión en Lindisfarne ocurrió en el año 793, mientras que el hombre o el personaje compuesto que se convirtió en el protagonista de la *Saga de Ragnar Lodbrok* vivió a mediados del siglo IX. Es probable que el Ragnar histórico ni siquiera hubiera nacido cuando se produjo la incursión en Lindisfarne y ni las crónicas medievales ni la saga de Ragnar mencionan ningún viaje a Inglaterra, salvo el último y fatal ataque de Ragnar a Northumbria. También parece poco probable que la tecnología de construcción naval vikinga no fuera capaz de soportar el Atlántico Norte hasta el momento en el que Lindisfarne fue atacado o que los vikingos no supieran ya algo sobre lo que había al oeste de sus costas antes de ese momento.

Al incorporar estos tres conceptos en la primera parte de *Vikingos*, Hirst está creando importantes apuestas para Ragnar y el resto de los personajes. Una de las apuestas es que Ragnar navegue en un barco no probado hacia tierras desconocidas, lo que es mucho más emocionante que usar una tecnología ya conocida para navegar hacia un lugar que todo el mundo conoce. Hirst también utiliza los planes de Ragnar de navegar hacia el oeste en un viaje de exploración y saqueo con el fin de introducir la relación entre Ragnar y Floki, que al principio se centra en el nuevo diseño del barco y también en la relación entre Ragnar y Rollo, que será una fuente de conflicto continuo para la mayor parte de las series que siguen. No solo eso, sino que al aprovechar el famoso asalto a Lindisfarne se sitúa el asalto ficticio de Ragnar de *Vikingos* en el mapa histórico y, por así decirlo, se coloca al personaje principal en el centro de los acontecimientos que son históricamente significativos y relativamente bien conocidos. Esto tiene el efecto de elevar el estatus del protagonista con respecto a este elemento particular de su aventura.

Además de manipular los acontecimientos históricos para sus propios fines, Hirst también manipula a personajes históricos, principalmente a Ragnar, pero también a otros. Por ejemplo, un vikingo llamado Rollo, de hecho, existió, aunque no tenía relación con Ragnar. Se cree que este Rollo participó en el asedio vikingo a París en el año 885, un evento que Hirst también incorporó a su serie de televisión a partir de la temporada 3. El Rollo histórico no solo estuvo activo en ese asedio; de hecho, en el año 885 ya había sido un azote para el norte de Francia durante casi una década, tras haber establecido una base en Ruan alrededor del año 876.[ix] Rollo realizó muchas incursiones hasta que finalmente fue derrotado en el año 911, cuando intentó tomar Chartres. Un acuerdo de paz con el rey francés le dio a Rollo el control del área alrededor de Ruan a cambio del cese de las incursiones y la conversión de Rollo al cristianismo.[cxi] El Rollo de Hirst también se convierte al cristianismo como parte de un acuerdo de paz, pero esto ocurre en relación con otra incursión en Inglaterra en el episodio de la temporada 1 «El rescate de un rey».

Al traer a Rollo al mundo de la serie *Vikingos*, Hirst crea un importante punto de conflicto para Ragnar. El Rollo de Hirst tiene una relación incómoda con su hermano y duda si trabajar con él como aliado o si trabajar contra él como enemigo. La pregunta de si Rollo ayudará o dificultará (o incluso matará) a Ragnar añade emoción a la relación entre estos dos personajes y aumenta el número de historias posibles y subtramas disponibles para el escritor.

El último elemento a examinar es el personaje del conde Haraldson y su relación con Ragnar. A diferencia de Ragnar o Rollo, el conde no se basa en una figura histórica ni aparece en la *Saga de Ragnar Lodbrok*. En cambio, Haraldson es un personaje completamente ficticio creado por Hirst específicamente para esta serie. Algunos comentaristas consideran que el personaje de Haraldson es uno de los aspectos más problemáticos de la serie, no porque esté completamente inventado, sino por la forma en la que se le retrata y la forma en la que interactúa con Ragnar y las otras personas sobre las que gobierna.

En su reseña de 2014 de la serie, George Sim Johnston del *American Spectator* se mostró especialmente indignado por el personaje del conde.[cxii] Entre las faltas encontradas por Johnston estaba el uso de un patronímico («Haraldson») como si fuera un apellido o incluso un nombre, cuando en realidad a los vikingos de este período se les suele llamar por sus nombres de pila; por ejemplo, a Leif Eiriksson se le llama en la literatura histórica «Leif», no «Eiriksson». Pero lo más indignante para Johnston fue el comportamiento del conde hacia Ragnar y el pueblo de Kattegat porque Haraldson «gobierna como un señor feudal y domina la asamblea gobernante, intimidando y amenazando a todo el mundo».

Como Johnston señala en su reseña, este comportamiento va en contra de lo que conocemos sobre el gobierno vikingo de este período. Los modos de gobierno feudales y autoritarios no se emplearon hasta el final de la época vikinga y surgieron en parte por la adopción del cristianismo por los nobles escandinavos.[cxiii] Al principio de este período, la autoridad del jefe derivaba de su habilidad para convencer a los guerreros de que se unieran a él y lo siguieran. Además, los guerreros no habrían visto al cacique como a alguien muy superior a ellos de ninguna manera.[cxiv]

Si el conde Haraldson hubiera sido un verdadero líder de finales del siglo VIII, no habría pensado en negarle a Ragnar la oportunidad de asaltar Lindisfarne porque Ragnar no habría necesitado su permiso para ir en primer lugar. Tampoco habría confiscado Haraldson el botín que Ragnar y sus compañeros trajeron de vuelta; hacerlo habría supuesto un rápido final para su liderazgo, ya que quitarle el tesoro que no se había ganado habría sido muy insultante. Además, cuando Ragnar habla en contra de que Haraldson haya condenado a un hombre a la decapitación, Haraldson le dice más tarde a Ragnar que se ha excedido al hablar en contra de él en público. Johnston afirma que el manejo del personaje de Haraldson es «una expresión de los temas a los que los guionistas perezosos son propensos. Cada historia tiene que ser sobre algún joven dinámico (que quiere libertad) en conflicto con un viejo conservador encubierto, que vive de la opresión».[cxv] Sin embargo, lo que impulsa el tropo de un joven explorador contra un viejo opresor que está en juego aquí es la necesidad de tener un antagonista claramente definido que se oponga al protagonista como parte de la estructura básica de la obra.

Johnston puede estar en lo cierto al calificar la labor de Hirst de «perezosa» en este aspecto, ya que bien podría haber sido posible que Hirst creara un fuerte florecimiento para Ragnar sin entrar en un conflicto tan evidente con las verdaderas filosofías vikingas de gobierno. Sin embargo, Hirst se negó a escribir su historia de esa manera y presentó al conde como si tuviera una fuerte autoridad sobre Ragnar y los demás en Kattegat, cuando en realidad el gobierno de la época vikinga temprana era significativamente más democrático. Por ejemplo, en aquella época, todos los hombres libres tenían derecho a hablar sobre cualquier tema que se discutiera y las decisiones se tomaban por sorteo.[cxvi] Un comportamiento como el de Haraldson nunca habría sido tolerado por el verdadero Ragnar o sus contemporáneos.

Aunque las muchas inexactitudes históricas de la serie pueden molestar a los historiadores y críticos, *Vikingos* sigue siendo un drama convincente bien escrito, magníficamente filmado y lleno de buenas actuaciones de un talentoso elenco de actores. En *Vikingos*, vemos la encarnación del proverbio italiano «si non è vero, è ben trovato», que traducido vagamente significa, «aunque no sea verdad, es una buena historia». *Vikingos*, en general, no se ajusta a la realidad en muchos sentidos de la palabra, pero al igual que la *Saga de Ragnar Lodbrok* en la que se inspira la serie de televisión, es una historia muy bien contada.

Notas sobre el choque de la historia y el drama en la serie de televisión Vikingos del canal History

Kirsten Wolf, *Daily Life of the Vikings* (Westport: The Greenwood Press, 2004), p. 22. *(en inglés)*

Wolf, *Daily Life*, p. 22. *(en inglés)*

Wolf, *Daily Life*, p. 22. *(en inglés)*

Richard Hall, *El mundo de los Vikingos* (Nueva York: Thames and Hudson, 2007), p. 40-43.

Anders Winroth, *The Age of the Vikings* (Princeton: Princeton University Press, 2014), p. 138-9. *(en inglés)*

James Graham-Campbell, ed., *Cultural Atlas of the Viking World* (Oxford: Andromeda, 1994), p. 43. *(en inglés)*

Graham-Campbell, *Cultural Atlas*, pp. 80-83. *(en inglés)*

Wolf, *Daily Life*, p. 8. *(en inglés)*

Wolf, *Daily Life*, p. 10-11. *(en inglés)*

Wolf, *Daily Life*, p. 22-24. *(en inglés)*

Winroth, *Age of the Vikings*, p. 164-65. *(en inglés)*

Las historias de las mujeres guerreras en el relato de Saxo se resumen en la obra de Judith Jesch, *Women in the Viking Age* (Woodbridge: The Boydell Press, 1991) *(en inglés)*, a partir de la página 176.

Charlotte Hendenstierna-Jonson et al., "A Female Viking Warrior Confirmed by Genomics," *American Journal of Physical Anthropology* 164/4 (2017): 853-60.

Hendenstierna-Jonson et al., «Female Viking Warrior», p. 855. *(en inglés)*

Hendenstierna-Jonson et al., «Female Viking Warrior», p. 855-57. *(en inglés)*

Hall, *El mundo de los Vikingos*, p. 34.

Jesch, *Women in the Viking Age*, pp. 183-85. *(en inglés)*

Wolf, *Daily Life*, p. 13. *(en inglés)*

Wolf, *Daily Life*, p. 8-9. *(en inglés)*

Wolf, *Daily Life*, p. 10. *(en inglés)*

Wolf, *Daily Life*, p. 10. *(en inglés)*

Winroth, *Age of the Vikings*, p. 162-64. *(en inglés)*

Winroth, *Age of the Vikings*, p. 162-64. *(en inglés)*

Winroth, *Age of the Vikings*, p. 163-64. *(en inglés)*

Neil Oliver, *The Vikings: A New History* (Nueva York: Pegasus Books LLC, 2013), p. 108. *(en inglés)*

Winroth, *Age of the Vikings*, p. 123. *(en inglés)*

John Haywood, *Los hombres del Norte: John Haywood, Los hombres del Norte: La saga vikinga 793-1241* (Nueva York: *St. Martin's Press, 2015), p. 14.*

Wolf, *Daily Life*, p. 24 (en inglés); Graham-Campbell, *Cultural Atlas*, p. 75. *(en inglés)*

Haywood, *Los hombres del Norte*, p. 20-22; Graham-Campell, *Cultural Atlas*, p. 75. *(en inglés)*

Haywood, *Los hombres del Norte*, p. 22.

Graham-Campbell, *Cultural Atlas*, p. 75. *(en inglés)*

Graham-Campbell, *Cultural Atlas*, p. 79. *(en inglés)*

Wolf, *Daily Life*, p. 24. *(en inglés)*

Graham-Campbell, *Cultural Atlas*, p. 78. *(en inglés)*

Graham-Campbell, *Cultural Atlas*, p. 78. *(en inglés)*

Hall, *El mundo de los Vikingos*, p. 33, 99.

Hall, *El mundo de los Vikingos*, p. 101.

Hall, *El mundo de los Vikingos*, p. 101.

Winroth, *Age of the Vikings*, p. 124-27. *(en inglés)*

Graham-Campbell, *Cultural Atlas*, p. 78. *(en inglés)*

Graham-Campbell, *Cultural Atlas*, p. 85. *(en inglés)*

Hall, *El mundo de los Vikingos*, p. 59.

Hall, *El mundo de los Vikingos*, p. 60.

Hall, *El mundo de los Vikingos*, p. 60. Ribe es una ciudad de Dinamarca.

Haywood, *Los hombres del Norte*, p. 42-3.

Haywood, *Los hombres del Norte*, p. 45.

Haywood, *Los hombres del Norte*, p. 45, 88.

Haywood, *Los hombres del Norte*, p. 169-70.

Haywood, *Los hombres del Norte*, p. 40.

Winroth, *Age of the Vikings*, p. 136. *(en inglés)*

Winroth, *Age of the Vikings*, p. 136-39. *(en inglés)*

Winroth, *Age of the Vikings*, p. 136-37. *(en inglés)*

Oliver, *New History*, p. 99-100. *(en inglés)*

Hall, *El mundo de los Vikingos*, p. 54.

Winroth, *Age of the Vikings*, p. 75. *(en inglés)*

Haywood, *Los hombres del Norte*, p. 47.

Haywood, *Los hombres del Norte*, p. 50.

Oliver, *New History*, p. 169. *(en inglés)*

Caroline Taggart, *The Book of English Place Names: How Our Towns and Villages Got Their Names* (n. p.: Ebury Press, 2011), p. 15, 82, 269. *(en inglés)*

Graham-Campbell, *Cultural Atlas*, pp. 190-91. *(en inglés)*; Winroth, *Age of the Vikings*, p. 114. *(en inglés)*

Graham-Campbell, *Cultural Atlas*, pp. 190-91. *(en inglés)*

Graham-Campbell, *Cultural Atlas*, p. 192 *(en inglés)*; Hall, *El mundo de los Vikingos*, p. 97.

Hall, *El mundo de los Vikingos*, p. 150, 152.

Hall, *El mundo de los Vikingos,* p. 151.

Hall, *El mundo de los Vikingos,* p. 181.

Hall, *El mundo de los Vikingos,* p. 160.

Hall, *El mundo de los Vikingos,* p. 161.

Ben Waggoner, traducción., *The Sagas of Ragnar Lodbrok* (New Haven: The Troth, 2009), p. xiii. *(en inglés)*

Ben Waggoner, traducción., *The Sagas of Ragnar Lodbrok*, p. xi. *(en inglés)*

Ben Waggoner, traducción., *The Sagas of Ragnar Lodbrok*, p. xiii. *(en inglés)*

Ben Waggoner, traducción., *The Sagas of Ragnar Lodbrok*, p. xxiv. *(en inglés)* El manuscrito en cuestión se encuentra en la Biblioteca Real Danesa de Copenhague, MS NkS 1824b 4to.

Este manuscrito se encuentra en la Biblioteca Real Danesa de Copenhague, MS AM 147 4to. Ben Waggoner, traducción., *The Sagas of Ragnar Lodbrok*, p. xxiv. *(en inglés)*

Ben Waggoner, traducción., *The Sagas of Ragnar Lodbrok*, p. xxv. *(en inglés)* Waggoner también señala que el *Hauksbók* se dividió en sus partes constituyentes y las piezas se catalogaron por separado. La parte que contiene el *Relato de los hijos de Ragnar* ahora se encuentra en el Instituto Arnamagnaean de la Universidad de Copenhague como MS AM 544.

Robert Crawford, *Scotland's Books: A History of Scottish Literature* (Oxford: Oxford University Press, 2009), n. p., *(en inglés)* consultado a través de los Libros de Google <http://google.com/books> 23 de marzo de 2020.

n. a., *Teutonic Forms*, p. 3 *(en inglés)* (PDF visitado en https://www.jsicmail.ac.uk, 23 de marzo de 2020). El PDF parece citar a Turville-Petre, p. xix, como fuente para la definición de *háttlausa*, pero no da una descripción bibliográfica más allá del apellido del autor y el número de página. Es posible que esta información se haya tomado de la obra *Scaldic Poetry* de Gabriel Turville-Petre (Oxford: Clarendon Press, 1976), pág. xxix, pero no tengo acceso a este volumen y, por lo tanto, no puedo confirmar la exactitud de esta suposición.

Ben Waggoner, traducción., *The Sagas of Ragnar Lodbrok*, p. x. *(en inglés)*

Oliver Elton, traducción. *The Nine Books of the Danish History of Saxo Grammaticus*. 2 vols. (Londres: Norroena Society, [1905]). *(en inglés)*

Elton, traducción., *Saxo Grammaticus*, vol. 2, p. 544-5. (en inglés)

Elton, traducción., *Saxo Grammaticus*, vol. 2, p. 550 (episodio de Carlomagno) and 552-4 (episodio de Hellespont). (en inglés)

Winroth, *Age of the Vikings*, p. 134-38. *(en inglés)*

Wolf, *Daily Life*, p. 55. *(en inglés)*

Wolf, *Daily Life*, p. 55. *(en inglés)*

Crawford, *Volsungs,* p. xv. *(en inglés)*

R. Bartlett, «The Viking Hiatus in the Cult of Saints as Seen in the Twelfth Century,» in *The Long Twelfth-Century View of the Anglo-Saxon Past*, editado por Martin Brett y David A. Woodman (Abingdon: Routledge, 2016), p. 18. Bartlett cita el manuscrito F de la obra *Chronicle*, f. 54. «Viking Hiatus» n. 16. *(en inglés)*

Bartlett, *Viking Hiatus*, p. 17-8. *(en inglés)*

Bartlett, *Viking Hiatus*, p. 18. *(en inglés)*

Ben Waggoner, traducción., *The Sagas of Ragnar Lodbrok*, p. xvi-xvii. *(en inglés)*

Crawford, *Volsungs,* p. xix. *(en inglés)*

Albert Welles, *The Pedigree and History of the Washington Family* (Nueva York: Society Library, 1879). *(en inglés)*

Welles, *Washington*, p. iv. *(en inglés)*

En una versión medieval de la saga, Ragnar afirma que tiene quince años en su verso para Thora, pero esta versión no incluye la estancia de Ragnar con Ladgerda. Debido a que incluyo la historia de Ragnar conociendo y casándose con Ladgerda antes de su encuentro con el dragón, he cambiado la edad de Ragnar a dieciocho años para tener en cuenta sus tres años con Ladgerda.

Un kenning para «dragón».

Otro kenning para «dragón».

Un kenning para «negro». También es un juego de palabras con el nombre «Kraka», que significa «cuervo».

Las fuentes originales no son claras sobre la naturaleza exacta de la discapacidad de Ivar. En cierto modo, las descripciones parecen sugerir una forma más leve de enfermedad de los huesos frágiles (osteogénesis imperfecta), pero también podrían referirse al raquitismo. El raquitismo es una enfermedad infantil que produce un ablandamiento de los huesos, causado por la falta de vitamina D.

Entre los efectos de este ablandamiento se incluyen la flexión de las piernas y los nudos de las rodillas, lo que afecta la capacidad de caminar. El raquitismo es más común en las latitudes septentrionales debido a la falta de luz solar durante una parte importante del año. También puede deberse a factores genéticos o a que la madre tenga una grave deficiencia de vitamina D durante el embarazo.

El padre de Kraka o Aslaug también tenía la habilidad de entender el habla de los pájaros, que adquirió al probar accidentalmente algo de la sangre del dragón Fafner mientras lo asaba para Regin, el herrero del que Sigfrido era aprendiz y que era hermano de Fafner.

«Fafnirsbane» significa «asesino de Fafnir».

Aunque la saga solo se escribió en tiempos cristianos, uno se pregunta si el pozo de las serpientes tenía la intención de ser algún tipo de referencia al concepto pagano ya sea a Hvergelmir o a Nastrandir. Este último era un lugar en el inframundo nórdico que estaba hecho de serpientes venenosas y el primero era un lugar habitado por una serpiente gigante. Nastrandir era el lugar al que se enviaban las almas de los rompedores de juramentos y asesinos mientras que Hvergelmir era el lugar donde una serpiente gigante consumía las almas de los más malvados. Si esta coincidencia de imágenes entre las creencias paganas y el texto de la saga fuera en efecto intencionada podría añadir aún más degradación al método utilizado para la muerte de Ragnar, ya que indica que Aelle lo veía no como un noble enemigo sino más bien como un deshonrado asesino. También es posible que se pretendiera establecer un vínculo entre Ragnar y Gunter de la *Saga de los volsungos*, quien también encuentra su final en un pozo lleno de serpientes.

Esta es una versión significativamente más corta del Krákumál, un poema de 29 estrofas que se supone es la canción de la muerte de Ragnar. De hecho, el Krákumál es una creación del siglo XII, probablemente escrito en algún lugar de las islas escocesas.

El pago del *wergeld* era una práctica importante en las antiguas sociedades germánicas y escandinavas. La finalidad del *wergeld* era compensar a la víctima —o a la familia de la víctima, si la víctima moría— por los daños sufridos a causa del delito cometido por el agresor. La suma que se debía pagar variaba según la naturaleza de la lesión, el género y la condición social de las partes interesadas. Una vez que se había pagado el *wergeld*, la víctima o su familia tenían que renunciar a cualquier derecho a exigir un pago o a realizar una venganza posterior.

Algunas de las fuentes que consulté decían que «Lundunaborg» era Londres; otras decían que era Lincoln. Ninguna de las dos identificaciones puede ser históricamente exacta ya que tanto Londres como Lincoln se fundaron por los romanos mucho antes de que los vikingos llegaran a Inglaterra. Peter Munch defiende la idea de «Londres» en su obra *Norse Mythology: Legends of Gods and Heroes* (Nueva York: American-Scandinavian Foundation, 1926), p. 251 *(en inglés)*. Katharine F. Boult, por otro lado, afirma que la fortaleza de Ivar era Lincoln. *Asgard & the Norse Heroes* (Londres: J. M. Dent & Sons, Ltd., 1914), p. 253 *(en inglés)*.

Las fuentes medievales no coinciden en lo que implicaron exactamente la tortura y la muerte de Aelle. Algunas parecen indicar que la imagen de un águila se grabó en su espalda, pero otra versión afirma que el «águila» se creó al abrir la caja torácica de la víctima por la espalda y después separar sus pulmones como si fueran alas. El historiador Anders Winroth dice que la dificultad de traducir la versión original en nórdico antiguo ha llevado a otros malentendidos sobre el «águila de sangre». Winroth dice que la interpretación en la que un águila se graba en la espalda de Aelle con un cuchillo también puede ser una mala traducción, aunque él la encuentra gramaticalmente correcta y que podría haber sido la intención original del creador de la saga decir que a Aelle lo mataron y que después su cuerpo se dejó como alimento para las aves de presa. *The Age of the Vikings* (Princeton: Princeton University Press, 2014), p. 36-7 *(en inglés)*.

Citado en la obra de Henry Resnick, *The Hobbit-Forming World of J. R. R. Tolkien*, The Saturday Evening Post (2 July 1966), p. 94 *(en inglés)*. Tolkien fue menos optimista acerca de las influencias celtas en su trabajo y se ofendió cuando un primer revisor de *The Silmarillion* dijo que habían notado una influencia celta. Marjorie J. Burns, *Perilous Realms: Celtic and Norse in Tolkien's Middle-earth* (Toronto: University of Toronto Press, 2005), n.p., consultado en Google Books, el 18 de marzo de 2020 <http://www.google.com/books> *(en inglés)*.

Humphrey Carpenter, *J.R.R. Tolkien: una biografía* (Boston: Houghton Mifflin Company, 1977), p. 22, 35-36.

Carpenter, *Tolkien*, p. 34-5.

Carpenter, *Tolkien*, p. 71.

Carpenter, *Tolkien*, p. 111, 200.

J. R. R. Tolkien, "On Fairy-Stories," in *Essays Presented to Charles Williams* (London: Oxford University Press, 1947), p. 64. (en inglés)

Jonathan Evans, «The Dragon-Lore of Middle Earth: Tolkien and Old English and Old Norse Tradition,» in *J. R. R. Tolkien and His Literary Resonances: Views of Middle Earth*, ed. George Clark and Daniel Timmons (Westport: Greenwood Press, 2000), 21-38. *(en inglés)*

Evans, *Dragon-Lore*, p. 31. *(en inglés)*

Margaret Schlauch, traducción., *The Saga of the Volsungs: The Saga of Ragnar Lodbrok Together with the Lay of Kraka* (Nueva York: The American Scandinavian Foundation, 1930), p. 96 *(en inglés)*; J. R. R. Tolkien, *El hobbit* (Boston: Houghton Mifflin Company, 1966), p. 262.

Schlauch, *Volsungs*, p. 95 *(en inglés)*; Tolkien, *El hobbit*, p. 240.

Tolkien, *El hobbit*, p. 261.

Schlauch, *Volsungs*, p. 101 *(en inglés)*.

Schlauch, *Volsungs*, p. 96-7 *(en inglés)*.

J. R. R. Tolkien, *El Silmarillion*, ed. Christopher Tolkien (Boston: Houghton Mifflin Company, 1977), p. 213-14.

Tolkien, *El Silmarillion*, p. 214

Tolkien, *El Silmarillion*, p. 223

Tolkien, *El Silmarillion*, p. 225

Tolkien, *El Silmarillion*, p. 225

Tolkien, *El hobbit*, p. 25.

Tolkien, *El hobbit*, p. 234.

Tolkien, *El hobbit*, p. 235.

Tolkien, *El hobbit*, p. 235.

Schlauch, *Volsungs*, p. 96-9.

Véase, por ejemplo, Phelim O'Neill, «Vikings: Don't Dismiss This Show as Game of Thrones-Lite,» *The Guardian* (23 de mayo de 2014), <https://www.theguardian.com/tv-and-radio/tvandradioblog/2014/may/23/vikings-review-history-channel-game-of-thrones>, consultado el 9 de marzo de 2020. *(en inglés)*

Véase, por ejemplo, George Sim Johnston, «The History Channel Gets *Vikings* Precisely Wrong,» *The American Spectator* (12 de marzo de 2013), <https://spectator.org/33770_history-channel-gets-vikings-precisely-wrong/>, consultado el 9 marzo de 2020. *(en inglés)*

Michael Hirst, «Foreword» en la obra The World of Vikings por Justin Pollard (San Francisco, Chronicle Books, 2015), p. 5. *(en inglés)*

John Haywood, *Los hombres del Norte: La saga vikinga 793-1241* (Nueva York: St. Martin's Press, 2015), p. 98.

Haywood, *Los hombres del Norte*, p. 99-100.

Johnston, «The History Channel». *(en inglés)*

Johnston, «The History Channel». *(en inglés)*

Anders Winroth, *The Age of the Vikings* (Princeton: Princeton University Press, 2014), p. 143-9. *(en inglés)*

Winroth, *Age of the Vikings*, p. 136. *(en inglés)*

Johnston, «The History Channel». *(en inglés)*

James Graham-Campbell, ed., *Cultural Atlas of the Viking World* (Oxford: Andromeda, 1994), p. 43. *(en inglés)*

Apéndice: La historia de Sigfrido y Brunilda

La Saga de los volsungos *es un cuento épico de varias generaciones de una sola familia. Se escribió por primera vez en el siglo XIII, pero la historia es considerablemente más antigua. El cuento completo se conserva tanto en la* Edda poética *como en otra fuente bajo el título de* Saga de los volsungos. *La* Edda prosaica *también contiene un resumen de la historia.*

La familia cuya historia se relata en esta saga lleva el nombre de Volsung, un héroe que desciende del dios nórdico Odín. La primera parte de la historia cuenta la historia de los antepasados de Volsung antes de lanzarse a la historia de su propia familia y descendientes.

Kraka o Aslaug, la tercera esposa de Ragnar, es hija del volsungo Sigfrido y la valquiria Brunilda. La función de Kraka o Aslaug dentro de la historia de Ragnar es elevar el estatus de héroe de Ragnar al vincularlo con los volsungos por medio del matrimonio.

El siguiente resumen no cubre la saga completa de los volsungos. En su lugar, presenta solo la parte que tiene que ver con Sigfrido y Brunilda, que es la sección relevante para la saga de Ragnar.

Sigfrido es el hijo del héroe Sigmund, que a su vez es el hijo de Volsung. El padre adoptivo de Sigfrido es un herrero llamado Regin, que se encarga de la educación del niño. Un día, Regin le pregunta a Sigfrido por el tesoro de su padre y quién lo guarda. Sigfrido le dice a Regin que su riqueza está custodiada por el rey. En otra ocasión, Regin le dice a Sigfrido que le pida un caballo al rey; Sigfrido lo hace y el rey accede a darle uno de sus propios caballos.

Al día siguiente, Sigfrido va caminando por el bosque de camino a elegir un caballo, cuando se encuentra con un anciano. El anciano le pregunta a Sigfrido hacia dónde se dirige. Sigfrido le dice que va a elegir un caballo y le pide consejo al anciano. Este le dice a Sigfrido que lleve los caballos a un río cercano. (La historia no explica de dónde vienen los caballos, pero evidentemente no pertenecen al rey). Sigfrido lo hace y todos los caballos cruzan a nado excepto un caballo gris. El anciano le dice a Sigfrido que se quede con ese caballo; le explica que desciende de Sleipnir, el caballo del propio Odín, y que aún no ha sido montado por nadie. Sigfrido llama al caballo Grani. El anciano le dice a Sigfrido que cuide bien del caballo para que con el tiempo se convierta en el mejor semental del mundo. Entonces el hombre desaparece; en realidad se trataba del dios Odín.

Sigfrido vuelve a casa, donde Regin le pregunta de nuevo sobre su riqueza, que Regin parece pensar que se le niega injustamente a Sigfrido. Entonces Regin le dice a Sigfrido que él sabe cómo Sigfrido puede conseguir una gran cantidad de tesoros y fama. Regin sugiere que Sigfrido mate al dragón Fafner y se lleve su oro. Sigfrido se niega a hacerlo. Regin se burla de él, pero Sigfrido le recuerda que aún es muy joven y que no se puede esperar que vaya tras los dragones, sea cual sea su linaje. Regin recapacita y se ofrece a contarle a Sigfrido la historia de Fafner, y Sigfrido le pide que la cuente.

Regin explica cómo su hermano Ódder podía transformarse en una nutria y a menudo se iba a pescar a un lugar donde el enano Andvari vivía en forma de lucio. Un día, Ódder atrapa un salmón y cuando sale a la orilla del río, es asesinado por Loki. Loki despelleja a

Ódder y le lleva la piel a su padre, Hreidmar. Hreidmar reclama una recompensa por el asesinato de su hijo. Loki regresa al río, le quita el tesoro a Andvari y lo trae como recompensa por la muerte de Ódder. Este tesoro incluye un hermoso anillo de oro, que tendrá un papel importante en el resto de la saga que sigue. Andvari maldice el tesoro, diciendo que quienquiera que lo posea morirá.

Loki le entrega el oro a Hreidmar, que luego es asesinado por su hijo, Fafner. Fafner se lleva el tesoro a las tierras salvajes, donde encuentra una cueva. Coloca el tesoro en la cueva y se transforma en un dragón. Desde entonces, Fafner duerme en la cueva encima de su tesoro. Regin dice que, al tomar el tesoro, Fafner lo ha privado de su legítima herencia y le ha obligado a ir al rey para pedirle empleo.

Después de escuchar el relato, Sigfrido se enfada en nombre de Regin y le pide al herrero que le haga una espada porque ahora jura matar a Fafner. Regin la hace, pero cuando Sigfrido golpea un yunque con ella, la espada se rompe. Lo mismo ocurre con la segunda espada. Sigfrido se dirige entonces a su madre y le pide los fragmentos de la espada Gram, que había pertenecido a su padre. Sigfrido lleva los fragmentos a Regin y le pide que vuelva a forjar una espada, esta vez con los restos de Gram. Cuando Gram se vuelve a reconstruir, Sigfrido la prueba contra el yunque, como lo había hecho con las otras espadas y esta vez el yunque se parte en dos.

Regin le recuerda a Sigfrido que él prometió matar a Fafner si Regin le hacía una espada. Sigfrido dice que cumplirá su promesa, pero no antes de vengar a su padre, que había muerto en una batalla contra el rey Lyngi. Sigfrido va al país de Lyngi y comienza a saquear y quemar. Lyngi se enfrenta a Sigfrido con su ejército, que Sigfrido derrota con la ayuda de sus amigos. Al final de la batalla, Sigfrido mata a Lyngi.

Sigfrido entonces vuelve a casa y le dice a Regin que mantendrá su palabra sobre Fafner. Regin le aconseja a Sigfrido que cave una fosa junto al río y que espere a que Fafner pase por encima de ella cuando vaya a beber agua. Cuando el vientre de Fafner esté sobre la fosa,

Sigfrido lo apuñalará en el corazón y lo matará. Sigfrido le dice a Regin que cree que este no es un buen plan porque la sangre del dragón fluirá en la fosa y lo ahogará. Regin se burla de Sigfrido, diciendo que es un cobarde y no digno de ser un volsungo.

Desafiado por esto, Sigfrido decide cavar la fosa y arriesgarse. Mientras está cavando, Regin huye y se esconde. Entonces un anciano se acerca y le pregunta a Sigfrido qué está haciendo. Cuando Sigfrido explica su plan, el anciano le dice que cave más de una fosa para que la sangre se escurra en las otras, pero no en la que se encuentra Sigfrido.

Sigfrido termina de cavar las fosas y elige a una para esperar. Cuando el dragón va al río, pasa por encima de la fosa en la que está sentado Sigfrido. Sigfrido clava su espada hasta la empuñadura en la axila del dragón. El dragón se retuerce en agonía. Sigfrido salta de la fosa y recupera su espada, pero cuando lo hace, sus brazos se cubren con la sangre del dragón.

Mientras el dragón se está muriendo, le pregunta a Sigfrido quién es él. Al principio, Sigfrido evade la pregunta y se llama a sí mismo la «Noble Bestia», pero finalmente le revela a Fafner su nombre y su linaje. Mientras Fafner se está muriendo, lanza una maldición sobre su tesoro.

Una vez muerto Fafner, Regin regresa. Le arranca el corazón a Fafner y bebe un poco de la sangre del dragón. Luego le da el corazón a Sigfrido y le pide que lo ase por él, cosa que Sigfrido hace. Cuando el corazón ya está casi listo, Sigfrido lo toca para ver si está bien cocinado y se quema el dedo. Se mete el dedo en la boca y como lleva la sangre del dragón, Sigfrido adquiere la capacidad de entender el habla de los pájaros. Los pájaros profetizan sobre el futuro de Sigfrido. Dicen que Regin tiene la intención de traicionarlo y que Sigfrido debería matarlo. Sigfrido sigue el consejo de los pájaros y le corta la cabeza a Regin. Después, se come parte del corazón del dragón asado y se guarda el resto para más tarde. Luego va a la guarida de Fafner y se lleva todo el tesoro. Entre el oro, encuentra un yelmo de terror y otras armas encantadas. El oro de Fafner es tan abundante que solo dos o tres caballos lograrían llevarlo, pero Grani puede transportarlo todo él solo, y a Sigfrido también.

Sigfrido sale de la cueva de Fafner y descubre a Brunilda dormida, vestida con una armadura y acostada sobre una muralla de escudos. Al principio, Sigfrido piensa que se trata de un hombre, pero cuando le quita el casco, descubre que es una mujer. Sigfrido entonces le quita la armadura a Brunilda, al arrancarle la cota de malla con su espada. Brunilda se despierta y pregunta si el hombre que le quitó la armadura es Sigfrido. Sigfrido le dice que sí.

Brunilda le explica que ella es una valquiria a la que Odín sometió a un sueño encantado porque había matado a alguien que Odín no quería que muriera. Odín también hizo que su destino fuera casarse. Brunilda le dice a Sigfrido que ella aceptó las condiciones de Odín, pero que solo se iba a casar con un hombre que no tuviera miedos, y el único hombre como ese era Sigfrido, el hijo de Sigmund. Sigfrido le pide a Brunilda que le enseñe cosas sabias y ella le responde con un extenso poema de runas y le cuenta cómo se pueden hacer diferentes tipos de magia. Entonces Sigfrido responde con un verso propio, para agradecerle a Brunilda. Después, Brunilda continúa (en prosa) dando a Sigfrido todo tipo de buenos consejos. Sigfrido queda tan impresionado que le pide matrimonio a Brunhilda y ella acepta.

Sigfrido deja a Brunilda y se dirige a la corte de un rey llamado Heimir, que está casado con la hermana de Brunilda. A Sigfrido se le da una gran bienvenida. Algún tiempo después, Brunilda llega a la corte de Heimir y se instala en una parte separada de la finca. Sigfrido la ve un día y su amor por ella vuelve a zarpar. Va a visitarla y trata de convencerla de que cumpla la promesa que se hicieron el uno al otro y se case con él, pero Brunilda le dice que no están destinados a casarse. Brunilda le dice a Sigfrido que él se casará con Gudrun, la hija del rey Gebica. Sigfrido insiste en que se casará con Brunilda y le entrega un anillo de oro como garantía de su fidelidad; se trata del anillo de Andvari, el anillo maldito del tesoro de Fafner. Brunhilda también le promete su fidelidad a Sigfrido.

Un día, Gudrun viene a visitar a Brunilda a la corte de Heimir. Gudrun y Brunilda hablan de los guerreros famosos y Brunilda elogia a Sigfrido por su destreza. Gudrun le cuenta a Brunilda un sueño que tuvo, que Brunhilda interpreta como una predicción del futuro y le dice a Gudrun que se casará con Sigfrido y que por ello le ocurrirán muchas otras desgracias. Gudrun se pone muy triste después de escuchar esto.

Entonces Sigfrido deja la corte de Heimir y va a la del rey Gebica, donde se le recibe muy bien y se hace amigo de los hermanos de Gudrun, Gunter y Hogni. La madre de Gudrun, Grimhilda, quiere a Sigfrido como marido para su hija, así que le da a Sigfrido una bebida con una poción que le hace olvidar a Brunilda y luego anima a su marido a conseguir a que Sigfrido se case con su hija. El rey Gebica está de acuerdo y en un festín después de que Sigfrido se bebiera la poción, Gebica le ofrece la mano de Gudrun. Sigfrido acepta, y Gunter y Hogni le juran hermandad.

Grimhilda entonces va a Gunter y le anima a pedir la mano de Brunilda. Se dirigen al padre de Brunilda, el rey Budli, y le preguntan si Gunter puede casarse con Brunilda. Budli está de acuerdo, siempre y cuando Brunilda acepte. Sigfrido y Gunter van a la finca de Heimir, donde vive Brunilda en un salón protegido por un muro de llamas. Cuando Gunter no puede cabalgar a través de las llamas, intercambia formas con Sigfrido. Sigfrido cabalga a través de las llamas en la forma de Gunter y Brunilda no sospecha de ello. Brunilda es reacia a decir que sí; ella es una valquiria, después de todo, y quiere volver a la batalla. Sigfrido, que está en la forma de Gunter, le recuerda que ella dijo que se casaría con el hombre que podría cabalgar a través de las llamas y Brunilda le responde que ella mantendrá esa promesa. Sigfrido acepta el anillo Andvari de Brunhilda y le da otro anillo del tesoro de Fafner a cambio.

Aún en la forma de Gunter, Sigfrido se queda con Brunilda durante cuatro días y cuando duermen juntos, él coloca una espada entre ellos. Sigfrido cabalga de regreso con sus amigos y otra vez se intercambia de forma con Gunter. Brunilda se dirige a Heimir y le dice que está embarazada de una hija, Aslaug, y hace que Heimer se convierta en el padre adoptivo de Aslaug. Brunilda, Gunter y Sigfrido vuelven a la corte del rey Budli, donde se celebra el matrimonio de Brunilda con Gunter. Durante el banquete, la memoria de Sigfrido regresa y se da cuenta de lo que ha hecho. Algún tiempo después de la boda, Gudrun y Brunilda bajan juntas al río a nadar. Gudrun le muestra a Brunilda el anillo de Andvari, que Sigfrido le había dado; Brunilda reconoce el anillo, pero no dice nada. Más tarde, Gudrun y Brunilda discuten sobre quién tiene el mejor marido. Gudrun dice que sabe de los votos de Sigfrido a Brunilda y se burla de ella con la historia de que Gunter y Sigfrido se habían intercambiado de forma para que Gunter se casara con Brunilda. Brunilda advierte a Gudrun que pagará por su malicia y la traición que Brunilda ha sufrido a manos de Gudrun y su familia, pero también dice que ama a Gunter y tiene la intención de serle fiel.

Brunilda se deprime y ya no se levanta de la cama. Cuando Gunter le pregunta qué es lo que sucede, Brunilda le dice que sabe sobre el engaño de Gunter y cómo se cambió de forma con Sigfrido. Dice que está abatida porque ha roto su promesa a Sigfrido y que no se casó con el hombre con el que se suponía que debía casarse. Cuando Brunilda amenaza con matar a Sigfrido y a Gunter, Hogni la encadena, pero Gunter la libera.

A partir de ese momento, Brunilda entra en luto. Gudrun trata de animarla, pero no lo logra, al igual que Gunter. Hogni lo intenta también, pero sin resultado. Gunter le pide a Sigfrido que la visite, pero Sigfrido no responde. Al día siguiente, Sigfrido la visita y trata de animarla. Brunilda le reprocha que la haya traicionado. Discuten y Brunilda le dice que desearía poder matar a Sigfrido. Sigfrido confiesa que todavía la ama con locura y que quiere que sea su esposa.

Brunilda le asegura que no dejará a Gunter. Sigfrido protesta por el hecho de haber sido hechizado cuando llegó a la corte del rey Gebica y que ninguno de los engaños fue culpa suya. Brunilda dice que ahora ella no quiere ni a Sigfrido ni a Gunter.

Después de que Sigfrido se marche, Gunter va a hablar con Brunilda. Brunilda predice que por lo que ha pasado, uno de los tres morirá. O bien será la propia Brunilda, o bien será Gunter o Sigfrido. Más tarde, Brunilda le dice a Gunter que ella regresará a la corte de Heimir y se quedará allí para siempre si Gunter no mata a Sigfrido, pero Gunter no puede hacerlo porque le ha hecho un juramento de hermandad a Sigfrido. Gunter se reúne con Hogni para decidir qué hacer. Se ponen de acuerdo en pedirle a su hermano menor, Guttorm, que lo haga ya que él no había prestado este juramento. Su justificación para matar a Sigfrido es que tuvo sexo con Brunilda durante los cuatro días que pasó con ella.

Gunter y Hogni preparan comida y bebida mágica para hacer que Guttorm se vuelva violento y quiera matar a Sigfrido. Guttorm va al cuarto de Sigfrido y lo apuñala mientras duerme con Gudrun a su lado. El golpe despierta a Sigfrido, quien toma su espada y se la lanza a Guttorm mientras él huye. La espada corta a Guttorm por la mitad, matándolo. Gudrun se despierta y se encuentra cubierta de la sangre de Sigfrido, mientras que el propio Sigfrido se está muriendo. Al morir, Sigfrido le dice a Gudrun que se había comportado bien con Gunter y que Brunilda está detrás de su asesinato.

Gunter acude a Brunilda y le ofrece su recompensa en oro por la muerte de Sigfrido. Brunilda se niega a aceptarla. Entonces le traen todo su oro y lo amontonan en una pila grande. Brunilda les dice a todos que quien quiera su oro puede llevárselo. Una vez hecho esto, se apuñala en la axila y profetiza muchos males para Gunter, Gudrun y toda la familia del rey Gebica. Luego pide que la quemen en una pira funeraria junto a Sigfrido, tras colocar una espada entre ellos. Gunter prepara la pira como ella pide, coloca sobre ella el cuerpo de Sigfrido, el cuerpo de su joven hijo (que Brunilda también arregló para que fuera asesinado), y el cuerpo de Guttorm. Una vez que la pira está encendida y las llamas rugen, Brunilda camina hacia el fuego y se acuesta al lado de Sigfrido, donde muere.

Vea más libros escritos por Matt Clayton

Bibliografía

n. a. *Norse Tales of Legends, Gods & Heroes*. Stamford: Longmeadow Press, 1996. *(en inglés)*

Boult, Katherine F. *Asgard & the Norse Heroes*. London: J. M. Dent & Sons, Ltd., [1914]. *(en inglés)*

Bartlett, R. «The Viking Hiatus in the Cult of Saints as Seen in the Twelfth Century». In *The Long Twelfth-Century View of the Anglo-Saxon Past*, editado por Martin Brett and David A. Woodman, 13-25. Abingdon: Routledge, 2016. *(en inglés)*

Burns, Marjorie J. *Perilous Realms: Celtic and Norse in Tolkien's Middle-earth*. Toronto: University of Toronto Press, 2005. *(en inglés)*

Carpenter, Humphrey. *Tolkien: una biografía*. Boston: Houghton Mifflin Company, 1977.

Crawford, Jackson, traducción. *The Saga of the Volsungs, with the Saga of Ragnar Lothbrok*. Indianapolis: Hackett Publishing Company, Inc., 2017. *(en inglés)*

Edminson, John P. *Stories from the Norseland*. Philadelphia: The Penn Publishing Co., 1909. *(en inglés)*

Elton, Oliver, traducción. *The Nine Books of the Danish History of Saxo Grammaticus.* 2 vols. London: Norroena Society, [1905]. *(en inglés)*

Jonathan Evans, «The Dragon-Lore of Middle Earth: Tolkien and Old English and Old Norse Tradition», in *J. R. R. Tolkien and His Literary Resonances: Views of Middle Earth*, ed. George Clark and Daniel Timmons (Westport: Greenwood Press, 2000), 21-38. *(en inglés)*

Graham-Campbell, James, ed. *Cultural Atlas of the Viking World.* Oxford: Andromeda, 1994. *(en inglés)*

Guerber, Helene Adeline. *Legends of the Middle Ages.* New York: American Book Company, 1929. *(en inglés)*

Hall, Richard. *The World of the Vikings.* Nueva York: Thames and Hudson, 2007. *(en inglés)*

Haywood, John. Northmen: *The Viking Saga A.D. 793-1241.* New York: Thomas Dunne Books, 2015. *(en inglés)*

Heaney, Seamus, traducción. *Beowulf.* Nueva York: Farrar, Straus & Gerous, 2000. *(en inglés)*

Hendenstierna-Jonson, Charlotte, et al. "A Female Viking Warrior Confirmed by Genomics." *American Journal of Physical Anthropology* 164/4 (2017): 853-60. *(en inglés)*

Jesch, Judith. *Women in the Viking Age.* Woodbridge: The Boydell Press, 1991. *(en inglés)*

Kidder, Daniel P. *Stories of the Norsemen.* Rev. ed. New York: Carlton & Phillips, 1854. *(en inglés)* Magnusson, Eirikr, and William M. Morris.

The Volsunga Saga. Londres: Norroena Society, 1906. *(en inglés)*

Mawer, Allen. «Ragnar Lodbrok and His Sons». *The Saga Book of the Viking Club* 6 (1909): 68-89. *(en inglés)*

Morris, Charles. *Historical Tales: The Romance of Reality.* Vol. 9, *Scandinavian.* Philadelphia: J. B. Lippincott and Company, 1908. *(en inglés)*

Munch, Peter. *Norse Mythology: Legends of Gods and Heroes.* Trans. Sigurd Bernhard Hustvedt. Nueva York: American-Scandinavian Foundation, 1926. *(en inglés)*

Neil Oliver, *The Vikings: A New History* (Nueva York: Pegasus Books LLC, 2013) *(en inglés)*

Resnick, Henry. «The Hobbit-Forming World of J. R. R. Tolkien». *The Saturday Evening Post* (2 July 1966): 90-94. *(en inglés)*

Schlauch, Margaret, traducción. *The Saga of the Volsungs: The Saga of Ragnar Lodbrok Together with the Lay of Kraka.* Nueva York: The American Scandinavian Foundation, 1930. *(en inglés)*

Speight, E. E. *Children of Odin.* Rev. ed. London: Horace Marshall & Son, [1903]. *(en inglés)*

St. Clair, Gloriana. «An Overview of the Northern Influences on Tolkien's Works». *Mythlore: A Journal of J. R. R. Tolkien, C. S. Lewis, Charles Williams, and Mythopoeic Literature* 2 (1996): 63-67. *(en inglés)*

Taggart, Caroline. *The Book of English Place Names: How Our Towns and Villages Got Their Names.* n. p.: Ebury Press, 2011. *(en inglés)*

Tolkien, J. R. R. *The Silmarillion.* Ed. Christopher Tolkien. Boston: Houghton Mifflin Company, 1977. *(en inglés)*

——. *Smith of Wootton Major and Farmer Giles of Ham.* n.c.: Ballantine Books, 1972. *(en inglés)*——.

The Hobbit. Boston: Houghton Mifflin Company, 1966. *(en inglés)*

——. "On Fairy-Stories." In *Essays Presented to Charles Williams*, pp. 38-89. London: Oxford University Press, 1947. *(en inglés)*

Waggoner, Ben, traducción. *The Sagas of Ragnar Lodbrok.* New Haven: The Troth, 2009. *(en inglés)*

Albert Welles, *The Pedigree and History of the Washington Family* (Nueva York: Society Library, 1879). *(en inglés)*

Wheaton, Henry. *History of the Northmen, or Danes and Normans, from the Earliest Times to the Conquest of England.* Londres: J. Murray, 1831. *(en inglés)*

Anders Winroth, *The Age of the Vikings* (Princeton: Princeton University Press, 2014). *(en inglés)*

Kirsten Wolf, *Daily Life of the Vikings* (Westport: The Greenwood Press, 2004), *(en inglés)*

[i] Kirsten Wolf, *Daily Life of the Vikings* (Westport: The Greenwood Press, 2004), p. 22. *(en inglés)*
[ii] Wolf, *Daily Life*, p. 22. *(en inglés)*
[iii] Wolf, *Daily Life*, p. 22. *(en inglés)*
[iv] Richard Hall, *El mundo de los Vikingos* (Nueva York: Thames and Hudson, 2007), pp. 40-43.
[v] Anders Winroth, *The Age of the Vikings* (Princeton: Princeton University Press, 2014), pp. 138-9. *(en inglés)*
[vi] James Graham-Campbell, ed., *Cultural Atlas of the Viking World* (Oxford: Andromeda, 1994), p. 63.
[vii] Graham-Campbell, *Cultural Atlas*, pp. 80-83. *(en inglés)*
[viii] Wolf, *Daily Life*, p. 8. *(en inglés)*
[ix] Wolf, *Daily Life*, p. 10-11. *(en inglés)*
[x] Winroth, *Age of the Vikings*, pp. 164-65. *(en inglés)*
[xi] Las historias de las mujeres guerreras en el relato de Saxo se resumen en la obra de Judith Jesch, *Women in the Viking Age* (Woodbridge: The Boydell Press, 1991) *(en inglés)*, a partir de la página 176.
[xii] Charlotte Hendenstierna-Jonson et al., «A Female Viking Warrior Confirmed by Genomics,» *American Journal of Physical Anthropology* 164/4 (2017): 853-60.
[xiii] Hendenstierna-Jonson et al., "Female Viking Warrior," p. 855. *(en inglés)*
[xiv] Hendenstierna-Jonson et al., "Female Viking Warrior," p. 855. *(en inglés)*
[xv] Hall, *El mundo de los Vikingos*, p. 34.
[xvi] Jesch, *Women in the Viking Age*, pp. 183-85. *(en inglés)*
[xvii] Wolf, *Daily Life*, p. 13. *(en inglés)*
[xviii] Wolf, *Daily Life*, pp. 8-9. *(en inglés)*
[xix] Wolf, *Daily Life*, p. 10. *(en inglés)*
[xx] Wolf, *Daily Life*, p. 10. *(en inglés)*
[xxi] Winroth, *Age of the Vikings*, pp. 162-64. *(en inglés)*
[xxii] Winroth, *Age of the Vikings*, pp. 162-64. *(en inglés)*
[xxiii] Winroth, *Age of the Vikings*, pp. 163-64. *(en inglés)*
[xxiv] Neil Oliver, *The Vikings: A New History* (New York: Pegasus Books LLC, 2013), p. 108. *(en inglés)*
[xxv] Winroth, *Age of the Vikings*, p. 123. *(en inglés)*
[xxvi] John Haywood, *Los hombres del Norte: La saga vikinga 793-1241* (Nueva York: St. Martin's Press, 2015), p. 14.
[xxvii] Wolf, *Daily Life*, p. 24 *(en inglés)*; Graham-Campbell, *Cultural Atlas*, p. 75. *(en inglés)*
[xxviii] Haywood, *Los hombres del Norte*, p. 22.
[xxix] Graham-Campbell, *Cultural Atlas*, p. 75. *(en inglés)*
[xxx] Wolf, *Daily Life*, p. 24. *(en inglés)*

[xxxi] Graham-Campbell, *Cultural Atlas*, p. 78. *(en inglés)*
[xxxii] Graham-Campbell, *Cultural Atlas*, p. 78. *(en inglés)*
[xxxiii] Hall, *El mundo de los Vikingos*, p. 33, 99.
[xxxiv] Hall, *El mundo de los Vikingos*, p. 101.
[xxxv] Winroth, *Age of the Vikings*, p. 124-27. *(en inglés)*
[xxxvi] Graham-Campbell, *Cultural Atlas*, p. 78. *(en inglés)*
[xxxvii] Graham-Campbell, *Cultural Atlas*, p. 85. *(en inglés)*
[xxxviii] Hall, *El mundo de los Vikingos*, p. 59.
[xxxix] Hall, *El mundo de los Vikingos*, p. 60.
[xl] Hall, *El mundo de los Vikingos*, p. 60. Ribe es una ciudad de Dinamarca.
[xli] Haywood, *Los hombres del Norte*, p. 42-3.
[xlii] Haywood, *Los hombres del Norte*, p. 45.
[xliii] Haywood, *Los hombres del Norte*, p. 45, 88.
[xliv] Haywood, *Los hombres del Norte*, p. 169-70.
[xlv] Winroth, *Age of the Vikings*, p. 136. *(en inglés)*
[xlvi] Winroth, *Age of the Vikings*, p. 136-39. *(en inglés)*
[xlvii] Winroth, *Age of the Vikings*, p. 136-37. *(en inglés)*
[xlviii] Hall, *El mundo de los Vikingos*, p. 54.
[xlix] Haywood, *Los hombres del Norte*, p. 47.
[l] Oliver, *New History*, p. 169. *(en inglés)*
[li] Graham-Campbell, *Cultural Atlas*, pp. 190-91. *(en inglés)*; Winroth, *Age of the Vikings*, p. 114. *(en inglés)*
[lii] Graham-Campbell, *Cultural Atlas*, pp. 190-91. *(en inglés)*
[liii] Hall, *El mundo de los Vikingos*, p. 150, 152.
[liv] Hall, *El mundo de los Vikingos*, p. 151.
[lv] Hall, *El mundo de los Vikingos*, p. 181.
[lvi] Hall, *El mundo de los Vikingos*, p. 160.
[lvii] Hall, *El mundo de los Vikingos*, p. 161.
[lviii] Ben Waggoner, traducción., *The Sagas of Ragnar Lodbrok* (New Haven: The Troth, 2009), p. xiii. *(en inglés)*
[lix] Ben Waggoner, traducción., *The Sagas of Ragnar Lodbrok*, p. xi. *(en inglés)*
[lx] Ben Waggoner, traducción., *The Sagas of Ragnar Lodbrok*, p. xiii. *(en inglés)*
[lxi] Ben Waggoner, traducción., *The Sagas of Ragnar Lodbrok*, p. xxiv. *(en inglés)* El manuscrito en cuestión se encuentra en la Biblioteca Real Danesa de Copenhague, MS NkS 1824b 4to.
[lxii] Este manuscrito se encuentra en la Biblioteca Real Danesa de Copenhague, MS AM 147 4to. Ben Waggoner, traducción., *The Sagas of Ragnar Lodbrok*, p. xxiv. *(en inglés)*
[lxiii] Robert Crawford, *Scotland's Books: A History of Scottish Literature* (Oxford: Oxford University Press, 2009), n. p., *(en inglés)* consultado a través de los Libros de Google <http://google.com/books> 23 de marzo de 2020.
[lxiv] n. a., *Teutonic Forms*, p. 3 *(en inglés)* (PDF visitado en https://www.jsicmail.ac.uk, 23 de marzo de 2020). El PDF parece citar a Turville-Petre, p. xix, como fuente

para la definición de *háttlausa,* pero no da una descripción bibliográfica más allá del apellido del autor y el número de página. Es posible que esta información se haya tomado de la obra *Scaldic Poetry* de Gabriel Turville-Petre (Oxford: Clarendon Press, 1976), pág. xxix, pero no tengo acceso a este volumen y, por lo tanto, no puedo confirmar la exactitud de esta suposición.

[lxv] Ben Waggoner, traducción., *The Sagas of Ragnar Lodbrok*, p. x. *(en inglés)*
[lxvi] Elton, traducción., *Saxo Grammaticus*, vol. 2, p. 544-5. (en inglés)
[lxvii] Elton, traducción., *Saxo Grammaticus*, vol. 2, p. 550 (episodio de Carlomagno) and 552-4 (episodio de Hellespont). (en inglés)
[lxviii] Winroth, *Age of the Vikings*, p. 134-38. *(en inglés)*
[lxix] Wolf, *Daily Life*, p. 55. *(en inglés)*
[lxx] Wolf, *Daily Life*, p. 55. *(en inglés)*
[lxxi] Crawford, *Volsungs*, p. xv. *(en inglés)*
[lxxii] R. Bartlett, «The Viking Hiatus in the Cult of Saints as Seen in the Twelfth Century,» in *The Long Twelfth-Century View of the Anglo-Saxon Past*, editado por Martin Brett y David A. Woodman (Abingdon: Routledge, 2016), p. 18. Bartlett cita el manuscrito F de la obra *Chronicle*, f. 54. «Viking Hiatus» n. 16. *(en inglés)*
[lxxiii] Bartlett, *Viking Hiatus*, p. 17-8. *(en inglés)*
[lxxiv] Bartlett, *Viking Hiatus*, p. 18. *(en inglés)*
[lxxv] Ben Waggoner, traducción., *The Sagas of Ragnar Lodbrok*, p. xvi-xvii. *(en inglés)*
[lxxvi] Albert Welles, *The Pedigree and History of the Washington Family* (Nueva York: Society Library, 1879). *(en inglés)*
[lxxvii] En una versión medieval de la saga, Ragnar afirma que tiene quince años en su verso para Thora, pero esta versión no incluye la estancia de Ragnar con Ladgerda. Debido a que incluyo la historia de Ragnar conociendo y casándose con Ladgerda antes de su encuentro con el dragón, he cambiado la edad de Ragnar a dieciocho años para tener en cuenta sus tres años con Ladgerda.
[lxxviii] Un kenning para «dragón».
[lxxix] Otro kenning para «dragón».
[lxxx] Un kenning para «negro». También es un juego de palabras con el nombre «Kraka», que significa «cuervo».
[lxxxi] Las fuentes originales no son claras sobre la naturaleza exacta de la discapacidad de Ivar. En cierto modo, las descripciones parecen sugerir una forma más leve de enfermedad de los huesos frágiles (osteogénesis imperfecta), pero también podrían referirse al raquitismo. El raquitismo es una enfermedad infantil que produce un ablandamiento de los huesos, causado por la falta de vitamina D. Entre los efectos de este ablandamiento se incluyen la flexión de las piernas y los nudos de las rodillas, lo que afecta la capacidad de caminar. El raquitismo es más común en las latitudes septentrionales debido a la falta de luz solar durante una parte importante del año. También puede deberse a factores genéticos o a que la madre tenga una grave deficiencia de vitamina D durante el embarazo.
[lxxxii] El padre de Kraka o Aslaug también tenía la habilidad de entender el habla de los pájaros, que adquirió al probar accidentalmente algo de la sangre del dragón

Fafner mientras lo asaba para Regin, el herrero del que Sigfrido era aprendiz y que era hermano de Fafner.

[lxxxiii] «Fafnirsbane» significa «asesino de Fafnir».

[lxxxiv] Aunque la saga solo se escribió en tiempos cristianos, uno se pregunta si el pozo de las serpientes tenía la intención de ser algún tipo de referencia al concepto pagano ya sea a Hvergelmir o a Nastrandir. Este último era un lugar en el inframundo nórdico que estaba hecho de serpientes venenosas y el primero era un lugar habitado por una serpiente gigante. Nastrandir era el lugar al que se enviaban las almas de los rompedores de juramentos y asesinos mientras que Hvergelmir era el lugar donde una serpiente gigante consumía las almas de los más malvados. Si esta coincidencia de imágenes entre las creencias paganas y el texto de la saga fuera en efecto intencionada, podría añadir aún más degradación al método utilizado para la muerte de Ragnar, ya que indica que Aelle lo veía no como un noble enemigo sino más bien como un deshonrado asesino. También es posible que se pretendiera establecer un vínculo entre Ragnar y Gunter de la *Saga de los volsungos*, quien también encuentra su final en un pozo lleno de serpientes.

[lxxxv] El pago del *wergeld* era una práctica importante en las antiguas sociedades germánicas y escandinavas. La finalidad del *wergeld* era compensar a la víctima —o a la familia de la víctima, si la víctima moría— por los daños sufridos a causa del delito cometido por el agresor. La suma que se debía pagar variaba según la naturaleza de la lesión, el género y la condición social de las partes interesadas. Una vez que se había pagado el *wergeld*, la víctima o su familia tenían que renunciar a cualquier derecho a exigir un pago o a realizar una venganza posterior.

[lxxxvi] Algunas de las fuentes que consulté decían que «Lundunaborg» era Londres; otras decían que era Lincoln. Ninguna de las dos identificaciones puede ser históricamente exacta ya que tanto Londres como Lincoln se fundaron por los romanos mucho antes de que los vikingos llegaran a Inglaterra. Peter Munch defiende la idea de «Londres» en su obra *Norse Mythology: Legends of Gods and Heroes* (Nueva York: American-Scandinavian Foundation, 1926), p. 251 *(en inglés)*. Katharine F. Boult, por otro lado, afirma que la fortaleza de Ivar era Lincoln. *Asgard & the Norse Heroes* (Londres: J. M. Dent & Sons, Ltd., 1914), p. 253 *(en inglés)*.

[lxxxvii] Las fuentes medievales no coinciden en lo que implicaron exactamente la tortura y la muerte de Aelle. Algunas parecen indicar que la imagen de un águila se grabó en su espalda, pero otra versión afirma que el «águila» se creó al abrir la caja torácica de la víctima por la espalda y después separar sus pulmones como si fueran alas. El historiador Anders Winroth dice que la dificultad de traducir la versión original en nórdico antiguo ha llevado a otros malentendidos sobre el «águila de sangre». Winroth dice que la interpretación en la que un águila se graba en la espalda de Aelle con un cuchillo también puede ser una mala traducción, aunque él la encuentra gramaticalmente correcta y que podría haber sido la intención original del creador de la saga decir que a Aelle lo mataron y que después su cuerpo se dejó como alimento para las aves de presa. *The Age of the Vikings* (Princeton: Princeton

University Press, 2014), p. 36-7 (*en inglés*).
[lxxxviii] Citado en la obra de Henry Resnick, *The Hobbit-Forming World of J. R. R. Tolkien*, The Saturday Evening Post (2 July 1966), p. 94 *(en inglés)*. Tolkien fue menos optimista acerca de las influencias celtas en su trabajo y se ofendió cuando un primer revisor de *The Silmarillion* dijo que habían notado una influencia celta. Marjorie J. Burns, *Perilous Realms: Celtic and Norse in Tolkien's Middle-earth* (Toronto: University of Toronto Press, 2005), n.p., consultado en Google Books, el 18 de marzo de 2020 <http://www.google.com/books> *(en inglés)*.
[lxxxix] Humphrey Carpenter, *J.R.R. Tolkien: una biografía* (Boston: Houghton Mifflin Company, 1977), p. 22, 35-36.
[xc] Carpenter, *Tolkien*, p. 34-5.
[xci] Carpenter, *Tolkien*, p. 71.
[xcii] Carpenter, *Tolkien*, p. 111, 200.
[xciii] Jonathan Evans, «The Dragon-Lore of Middle Earth: Tolkien and Old English and Old Norse Tradition,» in *J. R. R. Tolkien and His Literary Resonances: Views of Middle Earth*, ed. George Clark and Daniel Timmons (Westport: Greenwood Press, 2000), 21-38. *(en inglés)*
[xciv] Evans, *Dragon-Lore*, p. 31. *(en inglés)*
[xcv] Margaret Schlauch, traducción., *The Saga of the Volsungs: The Saga of Ragnar Lodbrok Together with the Lay of Kraka* (Nueva York: The American Scandinavian Foundation, 1930), p. 96 *(en inglés)*; J. R. R. Tolkien, *El hobbit* (Boston: Houghton Mifflin Company, 1966), p. 262.
[xcvi] Schlauch, *Volsungs*, p. 95 *(en inglés)*; Tolkien, *El hobbit*, p. 240.
[xcvii] Tolkien, *El hobbit*, p. 261.
[xcviii] Schlauch, *Volsungs*, p. 101 *(en inglés)*.
[xcix] Schlauch, *Volsungs*, p. 96-7 *(en inglés)*.
[c] Tolkien, *El Silmarillion*, p. 214
[ci] Tolkien, *El Silmarillion*, p. 223
[cii] Tolkien, *El Silmarillion*, p. 225
[ciii] Tolkien, *El Silmarillion*, p. 225
[civ] Tolkien, *El hobbit*, p. 25.
[cv] Tolkien, *El hobbit*, p. 235.
[cvi] Schlauch, *Volsungs*, p. 96-9 *(en inglés)*.
[cvii] Véase, por ejemplo, Phelim O'Neill, «Vikings: Don't Dismiss This Show as Game of Thrones-Lite,» *The Guardian* (23 de mayo de 2014), <https://www.theguardian.com/tv-and-radio/tvandradioblog/2014/may/23/vikings-review-history-channel-game-of-thrones>, consultado el 9 de marzo de 2020. *(en inglés)*
[cviii] Véase, por ejemplo, George Sim Johnston, «The History Channel Gets *Vikings* Precisely Wrong,» *The American Spectator* (12 de marzo de 2013), <https://spectator.org/33770_history-channel-gets-vikings-precisely-wrong/>, consultado el 9 marzo de 2020. *(en inglés)*
[cix] Michael Hirst, «Foreword» en la obra *The World of Vikings* por Justin Pollard (San

Francisco, Chronicle Books, 2015), p. 5. *(en inglés)*
[cx] John Haywood, *Los hombres del Norte: La saga vikinga 793-1241* (Nueva York: St. Martin's Press, 2015), p. 98.
[cxi] Haywood, *Los hombres del Norte*, p. 99-100.
[cxii] Johnston, «The History Channel». *(en inglés)*
[cxiii] Anders Winroth, *The Age of the Vikings* (Princeton: Princeton University Press, 2014), p. 143-9. *(en inglés)*
[cxiv] Winroth, *Age of the Vikings*, p. 136. *(en inglés)*
[cxv] Johnston, «The History Channel». *(en inglés)*
[cxvi] James Graham-Campbell, ed., *Cultural Atlas of the Viking World* (Oxford: Andromeda, 1994), p. 43. *(en inglés)*

www.ingramcontent.com/pod-product-compliance
Lightning Source LLC
Chambersburg PA
CBHW020109240426
43661CB00002B/87